Juan Manuel Marcos

POEMS AND SONGS

Poemas y Canciones

bilingual edition/*edición bilingüe*
translation and introduction by
/*traducción e introducción de*
Tracy K. Lewis
in consultation with the author/*en consulta con el autor*
with an epilogue by/*con epílogo de*
José Antonio Alonso Navarro

Copyright © Juan Manuel Marcos
of the translation © Tracy K. Lewis
of this edition © Stockcero 2015
1st. Stockcero edition: 2015

ISBN: 978-1-934768-80-8

Library of Congress Control Number: 2015940932

All rights reserved.
This book may not be reproduced, stored in a retrieval system, or transmitted, in whole or in part, in any form or by any means, electronic, mechanical, photocopying, recording, or otherwise, without written permission of Stockcero, Inc.

Set in Linotype Granjon font family typeface
Printed in the United States of America on acid-free paper.

Published by Stockcero, Inc.
3785 N.W. 82nd Avenue
Doral, FL 33166
USA
stockcero@stockcero.com

www.stockcero.com

Juan Manuel Marcos

POEMS AND SONGS
Poemas y Canciones

bilingual edition/*edición bilingüe*
translation and introduction by
/*traducción e introducción de*
Tracy K. Lewis
in consultation with the author/*en consulta con el autor*
with an epilogue by/*con epílogo de*
José Antonio Alonso Navarro

Índice

Introducción: Los círculos concéntricos de Poemas y canciones de Juan Manuel Marcos ----------------- -XI
    El trasfondo histórico. -------------------------- -XII
    El contexto biográfico y literario. ---------------- -XXIII

Notas ------------------------------------- -XLI

Obras Citadas o Mencionadas ------------------- -XLIII

Nota del traductor ------------------------- -LXXXV

Umbral ----------------------------------- -XC

Canciones

Hazme un sitio a tu lado ----------------------- -2

Epigrama ---------------------------------- -4

Distancia --------------------------------- -6

A la residenta ----------------------------- -8

Una antigua sangre ------------------------- -10

Poemas

Gestos de gesta

López, I ---------------------------------- -16

López, II --------------------------------- -20

La historia empieza en Altos ------------------ -24

Table of Contents

Introduction: The Concentric Circles of Juan Manuel Marcos' Poemas y canciones ---------- XLVII
    Historical Background. ---------- XLVIII
    The Biographical and Literary Context. ---------- LIX

Notes ---------- LXXIX

Works Cited or Mentioned ---------- LXXXI

Translator's Note ---------- LXXXVII

Threshold ---------- XCI

Songs

Make me a place at your side ---------- 3

Epigram ---------- 5

Distance ---------- 7

To the camp-maker ---------- 9

An ancient blood ---------- 11

Poems

Epic Thrusts

López, I ---------- 17

López, II ---------- 21

History begins in Altos ---------- 25

Colegialas

I — 28
II — 30
III — 32

Palabras a lo lejos

El exiliado, I — 36
II — 38
III — 42
Atardecer — 44
Días de Heráclito — 48
Lo único gratuito que nos queda — 50
Julio Iglesias — 54

Odas

Esposas — 60
Poemas de la Embajada, I — 62
II — 70
III — 72
IV — 74
V — 76
VI — 78
VII — 80
VIII — 82
IX — 84
X — 88

Schoolgirls

I — 29
II — 31
III — 33

Words from a Distance

The exile, I — 37
II — 39
III — 43
Evening — 45
Days of Heraclitus — 49
The only thing left that's free — 51
Julio Iglesias — 55

Odes

Married — 61
Poems from the Embassy, I — 63
II — 71
III — 73
IV — 75
V — 77
VI — 79
VII — 81
VIII — 83
IX — 85
X — 89

Cantos de esperanza

- Cincuenta veces cincuenta — 92
- Aquí tenéis mi voz — 96
- Poemas de la libertad, I — 98
  - II — 100
  - III — 102
  - IV — 106
- Elegía a Víctor Jara, I — 108
  - II — 110
  - III — 112
  - IV — 114
  - V — 116
- Canto de victoria, I — 118
  - II — 120
  - III — 122
  - IV — 124
  - V — 126
- Epílogo — 129

Songs of Hope

Fifty times fifty — 93
This is my voice — 97
Poems for liberty, I — 99
II — 101
III — 103
IV — 107
Elegy to Víctor Jara, I — 109
II — 111
III — 113
IV — 115
V — 117
Song for victory, I — 119
II — 121
III — 123
IV — 125
V — 127
Epilogue — 141

Introducción

Los círculos concéntricos de *Poemas y canciones* de Juan Manuel Marcos

Lo que el lector tiene en manos es, como toda obra sustancial de literatura, un punto de encuentro, una coyuntura de planos que se cruzan en la elecrticidad de la Palabra. Decir, por eso, «obra de tal o cual autor» es expresar el detalle más insignificante si no atiende esa afirmación algún sentido de la energía contextual que fluía por la mano autorial para desembocarse en la página. Se empieza afirmando, «poemario de Juan Manuel Marcos», obviamente, pero a través de él, *Poemas y canciones* es obra de su lugar y tiempo, el Paraguay de los 1970 y 1980. Y lo que es más, es obra de muchos lugares y muchos tiempos, incluyendo los tuyos, amigo lector. Es obra que en el magnetismo de sus versos, en la vasta erudición y virtuosidad técnica del poeta, y en su tono a la vez comprometido e íntimo, imanta al lector de modo que éste de pronto se ve aludido, abarcado, identificado en la lectura.

Lo cual no es poca cosa, tratándose de un poeta paraguayo, ya que por sus circunstancias históricas y culturales el Paraguay siempre ha sufrido de un excepcionalismo negativo que lo ha apartado del resto de América Latina y de la comunidad internacional. Ha sido difícil que otros latinoamericanos, u otros de cualquier continente, vean en este país tan aislado, tan supuestamente idiosincrático, una cifra de su propia condición. Lo genial de *Poemas y canciones,* sin embargo, es precisamente que proyecta esas señas de diferencia como señas de una identidad ampliamente humana. El Paraguay en toda su idiosincrasia, en su infortunio histórico y su luchar constante y su trascendencia, somos todos.

El trasfondo histórico.

Para que entendamos tal declaración aparentemente radical, y ya que no son material consabido para los lectores no paraguayos, serán imprescindibles aquí algunos datos históricos fundamentales. Como verá el lector, los ofrecemos en plena consciencia de su apego a una perspectiva histórica *paraguaya*, y lo que es más importante para esta introducción, a una perspectiva apasionadamente apoyada *por el poeta*. No se pretende aquí imparcialidad con respecto a figuras históricas como Francia, los López, y Stroessner; a eventos como la Guerra de la Triple Alianza y la Guerra del Chaco; ni a las fuerzas que han conformado la trayectoria del Paraguay entre las naciones. Sabemos, claro está, que existen otras interpretaciones, pero ya es hora de se coloque al lado de ellas esta visión paraguaya, digna de conocerse, y hasta ahora muy marginada fuera del Paraguay. No ofrecer tal visión sería privarle al lector de la perspectiva histórica que anima el poemario[1].

Sin pretender que sean totalmente comprensivos, damos los datos en forma de la siguiente cronología:

1536 — «Primera» fundación de Buenos Aires por un grupo de españoles encabezado por Pedro de

Mendoza. El nuevo asentamiento es luego destruido en ataques de indígenas de la zona.²

1537 — Fundación de Asunción, capital de lo que es hoy Paraguay, por un subordinado de Mendoza, Juan de Salazar. Con la destrucción de Buenos Aires, se yergue Asunción durante gran parte del siglo como centro del poder español en toda la cuenca del Río de la Plata.

1580 — «Segunda», es decir, auténtica fundación de Buenos Aires, a partir de la cual la ciudad va poco a poco creciendo y ganando en influencia. La segunda fundación la efectúan fuerzas mandadas desde Asunción, bajo el mando de Juan de Garay.

1587 — Llegada de los primeros jesuitas a la región paraguaya. A continuación, en 1606 se establece la Provincia Jesuítica del Paraguay, que impulsa en años sucesivos la fundación de una serie de reducciones donde se agrupa a los indígenas y se les catequiza. El sistema cuenta con el apoyo del rey español Felipe II y de sus sucesores, pero suscita la hostilidad de algunos elementos de la población colonial española y criolla.³

1723 — Rebelión de los comuneros asuncenos criollos contra el gobernador Diego de los Reyes Balmaceda. José de Antequera y Castro, un abogado oriundo de Panamá, encabeza la rebelión, que se considera un anticipo importante del movimiento independentista decimonónico liderado por criollos. Un motivo de la insurrección son los resentimientos criollos contra los jesuitas, cuyos intereses Reyes Balmaceda había favorecido. Los rebeldes logran deponer a Reyes, pero su sublevación fracasa después. Se encarcela a Antequera en Lima, donde es ejecutado.[4]

1767 — Por decreto del rey español Carlos III, expulsión de los jesuitas de toda la zona. El decreto, promulgado a instancias de fuertes elementos anti-jesuíticos en España y Portugal, deshace un siglo y medio de trabajo misionero jesuita en la región y lleva al desmantelamiento de las reducciones. Se dispersa trágicamente a miles de guaraníes residentes.[5]

1776 — Creación del Virreinato de La Plata.

1810 — Primeros pasos hacia la independencia declarados en cabildo abierto en Buenos Aires. Dos meses después, hay declaraciones similares en Asunción, pero rechazando el liderazgo unitario de Buenos Aires en el movimiento independentista.

primeros meses de 1811 — En el conflicto entre paraguayos y porteños, una fuerza enviada desde Buenos Aires bajo el mando del comandante Manuel Belgrano es derrotada por paraguayos de tendencia monarquista española. A pesar de esta derrota, sin embargo, la posición independentista va ganando adherentes en la población paraguaya.

mayo de 1811 — Declaración de independencia del Paraguay. Una junta que incluye a Fulgencio Yegros, Fernando de la Mora, Pedro Juan Caballero, Francisco Javier Bogarín, y José Gaspar Rodríguez de Francia asume el gobierno del país, declarando su compromiso con los principios de igualdad y soberanía, y su simpatía con la formación de una federación de las provincias del virreinato, en la célebre «Nota del 20 de Julio de 1811», redactada por De la Mora y firmada por sus cinco miembros.

Francia, un maquiavélico teólogo de origen portugués, maniobra arteramente para hacerse del poder único. Proclamado Dictador Supremo, suprime la educación media y superior; encarcela, tortura y ejecuta a los Próceres de la Independencia; cierra la comunicación del Paraguay al mundo exterior; desalienta toda forma de modernidad y cultura en el país; se asegura de que todo proyecto federal fracase, para dejar las desmembradas provincias rioplatenses a merced del Imperio Portugués y después, brasileño; y crea un implacable clima de terror que durará hasta su muerte.

1811-1820 — El uruguayo José Gervasio Artigas, también partidario de un sistema federal, encabeza un amplio movimiento independentista, pero es traicionado y obligado a vivir confinado en Paraguay, donde pasa el resto de sus días bajo el control de Francia.

1828 — Se crea la República Oriental del Uruguay, que Artigas desconoció, manteniendo su ideal de un gran estado federal con todas las antiguas provincias del virreinato, es decir, Paraguay, Uruguay, Argentina y Santa Cruz de la Sierra (Bolivia).

1840 — Muerte del dictador Francia.

1844 — Asume el mando definitivo del Paraguay el abogado Carlos Antonio López, tras un trienio de mando parcial. Su gobierno cambia drásticamente el modelo de Francia: abre el país al comercio internacional; fomenta la educación y la cultura; envía a jóvenes paraguayos a estudiar a Europa; contrata maestros, profesionales y técnicos europeos, principalmente británicos; incorpora tecnología; desarrolla el ferrocarril, los astilleros, los arsenales y las obras públicas; impulsa un vigoroso florecimiento económico; y reanuda el diálogo con los líderes argentinos y uruguayos del federalismo histórico. Provoca así la preocupación del Brasil, que deseaba apoderarse del territorio paraguayo hoy localizado en el estado brasileño de Matto Grosso do Sul.

1853 — Viaje a Europa del hijo mayor del presidente, el general Francisco Solano López, para capacitarse en asuntos militares, fortalecer relaciones y tejer alianzas políticas con ese continente. En Francia conoce a la bella irlandesa Elisa Lynch, quien volverá al Paraguay con él, y será la madre de sus siete hijos y su compañera hasta su muerte años después en el campo de batalla.

1862 — Muerte de Carlos Antonio López. Francisco Solano López asume el poder.

diciembre de 1864 — Estalla la Guerra de la Triple Alianza, en la que Paraguay lucha contra las fuerzas combinadas de Brasil, Argentina, y Uruguay. La guerra es resultado de disputas territoriales entre Paraguay y Brasil, y de la tentativa brasileña de influenciar la política del Uruguay y la Argentina usando a políticos corruptos. A pesar de su aislamiento geográfico, Paraguay triunfa en las primeras batallas contra los tres países juntos y logra prolongar la lucha desigual, pero es finalmente destruido, perdiendo un 25% de su territorio y un 80% de su población masculina.⁶

1º marzo 1870 — El ejército brasileño, que ya había incendiado el hospital de heridos de Piribebuy y había asesinado a 3.500 niños paraguayos en Acosta Ñu, asesina al presidente paraguayo Solano López, quien ya estaba desarmado, en la Batalla de Cerro Corá, la última de la guerra.

1880-1936 — Como consecuencia de las ideas de historiadores paraguayos como Juan E. O'Leary, Manuel Domínguez y Manuel Gondra, y por las medidas de gobernantes como Eligio Ayala y Rafael Franco, es reivindicada la memoria de Solano López, visto ahora como un héroe que luchó para preservar la independencia del país. Durante este período de vigencia del sistema liberal, el Paraguay afianza sus instituciones y resurge de sus cenizas con gobernantes como Bernardino Caballero, Emilio Aceval, Eduardo Schaerer, el gran estadista Eligio Ayala y José Patricio Guggiari.

1932-1935 — Guerra del Chaco, conflicto sangriento en el que Paraguay vence a Bolivia y logra legitimar su posesión del Chaco, el 60% de su territorio nacional, bajo la brillante presidencia del liberal Eusebio Ayala y la conducción militar de José Félix Estigarribia, formado en Francia.

1947 — El ascenso de sectores fascistas dentro de las Fuerzas Armadas del Paraguay en el contexto de la crisis mundial conduce a la guerra civil de 1947. Con el apoyo del mandatario argentino Juan Perón, se consolidan las fuerzas civiles y militares conservadoras y populistas. Parte de los más valiosos intelectuales marcha al exilio, entre ellos el gran escritor Augusto Roa Bastos.

1954-1989 — Dictadura del General Alfredo Stroessner, notable por su combinación de venalidad, astucia política, y crueldad. Con una estridente ideología anticomunista, el régimen se apoya en los gobiernos más reaccionarios de los Estados Unidos, el populismo argentino y la dictadura militar brasileña, que lo usa como un títere. La represión de parte del régimen lleva a miles más de paraguayos al destierro en países vecinos, en Norteamérica, y en Europa, y deja a otros miles de opositores internos en el sigilo forzado de la auto-censura. Entre los exiliados externos, el autor de este poemario, Juan Manuel Marcos, de 1977 a 1989.

1989 hasta hoy — Época de la post-dictadura, marcada por una democracia restaurada pero frágil, como consecuencia de la debilidad de las instituciones, la ignorancia de la población y la corrupción generalizada. En febrero de 1989, el anciano Stroessner es derrocado en un golpe de estado por sectores militares y civiles de su propio partido, que sigue en el poder, con la breve interrupción de un quinquenio opositor, producto del triunfo electoral de una alianza entre liberales y socialistas en 2008.[7]

1991 hasta hoy — Participación del Paraguay como miembro fundador en el Mercado Común del Sur, apodado informalmente Mercosur. Otros miembros fundadores son Argentina, Brasil, y Uruguay. El tratado de fundación es firmado en Asunción. Lenguas oficiales son español, portugués, y guaraní. Los países fundadores, más Venezuela, son miembros plenos, con membresía asociada para Chile, Bolivia, Colombia, Ecuador, y Perú. A raíz del juicio político contra el presidente paraguayo Fernando Lugo y la consecuente crisis política de 2012, Paraguay es «suspendido» del Mercosur, al que se reintegra un año después, al aceptar el ingreso de Venezuela.[8]

En cualquier análisis de la historia del Paraguay es casi *de rigueur* citar la observación de Augusto Roa Bastos de que el Paraguay es «una isla rodeada de tierra».[9] Y cumplimos aquí con esa obligación, no por simple adulación al venerable escritor paraguayo, sino porque su frase, aun convertida en cliché, no deja de articular una verdad paraguaya profunda. Desde su incorporación al imperio español en el siglo 16, el Paraguay siempre era un mundo aparte, distinto de la zona andina al oeste, distinto de la esfera porteña-argentina al sur, y distinto de la hegemonía portuguesa al norte y al este, en cuya frontera inestable se encontraba y con la cual bregaba enconadamente para no ser absorbido.

Por más que descarten algunos historiadores la significación histórica de la geografía, nos parece de importancia decisiva en la formación del Paraguay. El Paraguay ha sido, y hasta cierto punto sigue siendo, un caso ejemplar de país mediterráneo.[10] Por toda la época colonial, por todo el siglo 19, y hasta muy entrado en el siglo 20, la mediterraneidad era un tema constante en el desarrollo, o sub-desarrollo, del país. La falta de litoral marino propio, el acceso problemático al mar a través de ríos controlados por otros, y la omnipresencia de selvas tropicales difícilmente penetrables, eran una combinación de factores no sufrida por otro país sudamericano, con la excepción de Bolivia. No será difícil verificar algunos resultados en la cronología antes presentada: la supervivencia durante más de un siglo de la llamada «utopía jesuítica» tan distinta de otras jurisdicciones coloniales españolas, la facilidad con la que el dictador Francia pudo atajar relaciones con países vecinos, la habilidad paraguaya de prolongar la Guerra de la Triple Alianza simplemente manteniendo la fortaleza de Humaitá sobre el Río Paraguay.[11] De hecho, toda la cuestión de acceso al mar fue sin duda un motivo subyacente del conflicto con la Triple Alianza, con consecuencias eventualmente desastrosas para Paraguay.

Para que veamos con más claridad las raíces del aislamiento paraguayo, sin embargo, al factor geográfico hay que añadir un factor humano absolutamente clave: la relación singularísima que existía en el Paraguay entre colonizador y colonizado, entre la herencia europea y la herencia autóctona. La época jesuita en Paraguay fue excepcional dentro del colonialismo español no solo por sus características administrativas teocráticas, sino también por su *raison d'etre*: la defensa y prosperidad de comunidades guaraníes recién evangelizadas. Por cierto, los jesuitas gobernaron severamente a los guaraníes,[12] pero al agruparlos en reducciones protegidas, refrenaron la violencia de los traficantes esclavistas brasileños y la codicia de los colonos españoles, fomentando así la lengua guaraní y asentando en el acto las bases del futuro mestizaje guaranihablante paraguayo. Y se creó a partir de entonces algo inaudito a nivel mundial: una sociedad donde la mayoría colonizadora adoptó el idioma de los colonizados. A diferencia del caso peruano, por ejemplo, en Paraguay el idioma indígena dejó de ser únicamente indígena; se hizo lengua mayoritaria nacional. En el Paraguay actual, país donde la población indígena constituye tal vez 2% del total,[13] unos 50% de los habitantes son bilingües en guaraní y castellano, y unos 37% usan *solamente* guaraní. O sea, 87% de los paraguayos son guaranihablantes; solamente 7% son monolingües en castellano.[14] Este cuadro lingüístico no significa que los indígenas paraguayos hayan sufrido menos atropellos que en otros países de las Américas; Paraguay es tan culpable, o más, en este aspecto.[15] Pero sí significa que Paraguay posee una diferencia histórica y lingüística, que a la vez le da orgullo y lo separa de otros países.

Por supuesto, no fue solamente el *idioma* guaraní que entró en la consciencia nacional. Entraron también aspectos de la cosmovisión encerrados en ese idioma. Entraron actitudes, mitos, y creencias, no, por cierto, en su forma aborigen pre-hispánica, pero sí, nítidamente, *en su forma paraguaya*. De ahí que el Paraguay de hoy es creador de una compleja literatura bilingüe absolutamente única, repleta de alusiones míticas y folclóricas y de la rica simbiosis de elementos europeos y guaraníes. De ahí que el paraguayo actual habla en broma o en serio de pomberos, *ao ao*, poras,

Jasyjatere, y otras entidades de lo sobrenatural hispano-guaraní. De ahí que ese paraguayo escudriña las tinieblas con atención particular cuando camina de noche por las carreteras rurales. Y de ahí que la búsqueda guaraní pre-hispánica de *Yvy Marae'y*, la Tierra Sin Males, vive hoy como aspiración política y como poderoso símbolo literario.[16]

No soy, ni mucho menos, el primero en señalar la interioridad aislante paraguaya con tales datos. Nada tiene de original nuestro análisis hasta ahora. Pero al explorar la vocación paraguaya de *exterioridad*, quizás aportemos algo nuevo. Es un grave error hablar del Paraguay como si fuese la proverbial cueva del ermitaño, contenta en su magnífica soledad. Por toda su historia, el Paraguay ha buscado, exitosa o desastrosamente, el difícil equilibrio entre su diferencia interna y su afán de exteriorizarse. La cronología histórica antes presentada revela datos interesantes al respecto: la relación de poder oscilante entre Buenos Aires y Asunción en la época colonial; los nexos entre independentistas paraguayos y los de países regionales como Artigas; la hecatombe de la Guerra de la Triple Alianza, provocada precisamente por la problemática paraguaya *vis-à-vis* los países vecinos;[17] la experiencia de millones de exiliados, quienes al volver a su patria aportan el vasto caudal de sus vivencias en el extranjero; el protagonismo paraguayo, a veces conflictivo, en la gestación y funcionamiento del Mercosur. Obviamente, hay que matizar seriamente el dictamen de Roa Bastos: el Paraguay sí es una isla rodeada de tierra, pero anhelante de contacto, y estremecida de una rica tensión existencial como resultado.

El contexto biográfico y literario.

Por supuesto, requiere un salto intelectual aplicar la palabra «existencial» al devenir de toda una nación. Al hacerlo, contamos con el precedente ilustre de don Américo Castro, el pensador español que a mediados del siglo veinte, en una serie de libros deslumbrantes, documentó la trayectoria de la España medieval y renacentista en términos de las angustias socio-existenciales de sus literatos más destacados. Lo importante aquí no es la interpretación específica de Castro, sino su premisa central: que es en el escenario de las artes donde se miden más hondamente las vivencias de una colectividad.[18] El artista, y para el caso presente, el escritor de literatura, es a la vez pararrayos, reflector, y protagonista de esas vivencias, y es a través de su obrar artístico que palpamos el profundo sustrato que nos conecta con ellas.

Caso textual y ejemplar de ello son Juan Manuel Marcos y su poemario *Poemas y canciones*. Otra vez, será útil una cronología mínima de datos:

1950 — Nace el poeta en Asunción, hijo de José Marcos, un republicano español exiliado en Paraguay, y Amanda Álvarez, de una larga ascendencia paraguaya que se remonta a Hernandarias (1561-1634), el primer gobernador del Río de la Plata nacido en América.

1956-1967 — Cursa los estudios primarios y secundarios en el Colegio San José de Asunción, fundado por curas franceses en 1904, donde sobresale académica y literariamente y preside su Academia Literaria, la más antigua del país, a la que habían pertenecido los máximos autores paraguayos, como Gabriel Casaccia, Hérib Campos Cervera, Augusto Roa Bastos, Hugo Rodríguez Alcalá, José María Gómez Sanjurjo, José Luis Appleyard, y otros.

1970 y años sucesivos — Al lado de Maneco Galeano, Carlos Noguera, Mito Sequera, Emilio Pérez Chaves y otros, crea la asociación de poetas y músicos Joven Alianza (de la que es elegido Coordinador General), piedra fundamental del movimiento Nuevo Cancionero Popular Paraguayo. Dicho movimiento se opone a la dictadura de Stroessner mediante masivos recitales en la capital y el interior, y renueva profundamente la poesía y la música del Paraguay.

Poemas, cuentos y artículos de Marcos aparecen publicados en diarios como *La Tribuna* y *ABC Color*, periódicos como *Frente*, *Sendero* y *El Radical*, y revistas como *La Estrella*, *Época* y *Acción*. En 1970 gana el Premio René Dávalos de la revista *Criterio*, conferido por un jurado compuesto por Augusto Roa Bastos, Rubén Bareiro Saguier y José María Gómez Sanjurjo, con su poemario titulado sencillamente *Poemas*, diagramado por el artista brasileño Livio Abramo. Así se incorpora al grupo generacional de *Criterio*, el núcleo más importante de la literatura paraguaya desde los años sesenta.

1973 — Su montaje teatral *López*, con música de Galeano, Noguera y Sequera, se estrena en Asunción, con recepción entusiasta del público. La obra ofrece una interpretación positiva de la actuación histórica de Solano López. Varios de sus temas musicales, como «¡Independencia o Muerte!», «A la Residenta», y «Canto a Alberdi», con texto de Marcos, presentados en innumerables conciertos masivos y grabados en una gran cantidad de discos en Asunción y Buenos Aires, han adquirido inmortalidad en la cultura paraguaya.

1971-1977 — Simultáneamente con las actividades mencionadas, cumple funciones de profesor de literatura en su *alma mater*, el Colegio San José; en los Colegios Teresiano, Dante Alighieri, y Juan Ramón Dahlquist; en el Seminario Metropolitano; y en las Universidades Católica y Nacional de Asunción.

1977 — Habiendo ya reprimido salvajemente a miembros de la Organización Primero de Marzo, grupo armado anti-Stroessner, la dictadura emprende, como «medida preventiva», represiones contra Marcos y otros intelectuales vinculados con *Criterio*, los cuales no tenían ninguna relación con la OPM. Luego de padecer detención y abusos ilegales en el temible Departamento de Investigaciones, algunos pasan a la prisión en Emboscada, y otros al asilo en embajadas y eventualmente, al exilio. Detenido en julio, Marcos se asila en la Embajada de México el 25 agosto. Solo puede ver a su esposa Greta Gustafson los martes, en visitas breves. En diciembre recibe salvoconducto para ir al destierro en México, todavía sin acompañamiento de su esposa y su hijo Sergio.

1978 — Luego de una estadía de un mes en México, donde

es acogido por la amistad con la poeta Elva Macías y su esposo, el narrador Eraclio Zepeda,[19] se muda el 11 de enero a Madrid. Reunido ahora con su familia, enseña en un colegio de Madrid y recibe el doctorado en Filosofía de la Universidad Complutense.

1980 — En agosto se traslada con su familia a Pittsburgh, Pennsylvania, EE.UU., donde obtiene las becas *Provost's Humanities Fellowship* y Andrew Mellon y recibe la maestría y el doctorado en Letras en la Universidad de Pittsburgh. Nace su hija Valeria Jimena.

1982 y años sucesivos — En agosto se traslada con la familia a Stillwater, Oklahoma, EE.UU., donde ha logrado el primero de los siete concursos de cátedra que ganará en Estados Unidos. Enseña literatura hasta 1988 en la Universidad Estatal de Oklahoma (Oklahoma State University), donde funda la influyente revista *Discurso Literario*, con personalidades como Claude Levi-Strauss, Hans-Georg Gadamer y Jacques Derrida en su concejo editorial. Organiza cuatro simposios académicos internacionales, y presenta más de 60 ponencias y conferencias en todo el país. A la vez publica más de 50 artículos en revistas arbitradas de la mayor reputación, integra el concejo de 16 colecciones editoriales y revistas eruditas, incluida la *Revista Iberoamericana*, la más antigua e importante del mundo en su campo, gana distinciones y becas de investigación como las de la *National Endowment for the Humanities Fellowship* en Yale University, la *South Central Modern Language Association Research Grant* en la Universidad de Texas en Austin, y el *Mid-America State Universities Association Honor Lecturer* de la Universidad de Kansas en Lawrence. Asciende a los rangos de Profesor Asistente Visitante, Asistente, Asociado y Titular, y obtiene la inamovilidad académica (*tenure*) y la residencia permanente en el país. También gana concursos de cátedra en las Universidades de Purdue (Indiana), Southern Methodist (Texas), y California, Los Ángeles (UCLA).

También en 1982, viaja a México para recibir el Premio Internacional *Plural* de Ensayo, del diario *Excelsior,* por su artículo «*Yo el Supremo* como reprobación del discurso histórico», que integra inmediatamente a su libro *Roa Bastos: precursor del post-Boom*, publicado por la editorial mexicana Katún en 1983. El prestigio del premio de la revista creada por Octavio Paz, el dominio teórico de un autor formado tanto en filosofía como en literatura, y el estilo electrizante, multiplican las ediciones de su ensayo y establecen a Marcos como teórico clave en los estudios postboom. Hasta la solemne *Modern Language Association* le rinde homenaje al indexar el término que ha acuñado, *postboom*, en su monumental Bibliografía de circulación mundial, algo insólito para un intelectual de 33 años de edad.

1984-1989 — Por presión del presidente argentino Raúl Alfonsín, se le permite volver al Paraguay por estadías temporales, pero no quedarse. Las visitas son en 1984, 1986, y 1987. En junio de 1988 organiza en Asunción un simposio internacional con la participación de Kathleen Kennedy, Presidenta de la Fundación Robert Kennedy, y profesores como Tracy K. Lewis, Paul Lewis, Gordon Campbell, Joaquín Ruiz Jiménez y Bella Josef, para apoyar a Radio Cáritas, el único medio de comunicación todavía libre bajo la dictadura. El encuentro es presidido por el arzobispo de Asunción, monseñor Ismael Rolón Silvero.

1986 — Publicación del libro *De García Márquez al post-Boom* por la editorial Orígenes de Madrid, de significativo impacto internacional en los estudios hispánicos.

1987 — Publicación en Asunción de la novela de Marcos *El invierno de Gunter* por la editorial El Lector, diagramada por el artista y arquitecto Luis Alberto Boh, del grupo de *Criterio*, con la presencia del autor, en plena dictadura. El multitudinario acto de lanzamiento, en el mismo local de la editorial, tiene aspectos insólitos, por la asistencia en una reunión literaria de más de tres mil personas, que desbordan la librería y cierran la calle, por la presentación a cargo del grupo vocal Sembrador, del Nuevo Cancionero, en vez del habitual presentador literario, y por la aparición poco disimulada de docenas de policías de civil mezclados en el público. De manera desafiante, Marcos dedica el libro al más turbulento líder liberal, Hermes Rafael Saguier, quien se encontraba preso. La dictadura reacciona furiosa, prohibiendo a la editorial volver a publicar nada de Marcos. Semanas después, sin embargo, la editorial Alcándara publica la primera edición de *Poemas y canciones*. A fin del año, la novela gana el Premio Libro Paraguayo del

Año, con un jurado compuesto por César Alonso de las Heras, Alcibíades González Delvalle, Jorge Báez Roa, Helio Vera y Osvaldo González Real.

1989 — Se muda a Los Ángeles, California, EE.UU., donde ha ganado una de las cátedras de literatura hispanoamericana de mayor prestigio en el país. A pocos meses de la mudanza, sin embargo, al caer la dictadura, Marcos renuncia sin duda a su cátedra, su inamovilidad académica y su residencia permanente en los Estados Unidos, y se reintegra al Paraguay.

1990 — Se publica en Asunción su libro *«Así como por la honra»: selección de textos sobre la libertad*, una amplia compilación y meditación historiográfica y política, presentada por el ministro español Rafael Arias Salgado. Es elegido Presidente del Centro de Estudios Democráticos, auspiciado por el Instituto Internacional del Partido Demócrata de los Estados Unidos, y nombrado Director Ejecutivo del Centro de Estudios de la Realidad Paraguaya (CERPA), institución apoyada por la Fundación Friedrich Naumann del Partido Liberal de la República Alemana. Ambos centros se dedican a la capacitación cívica y al diálogo a favor de la institucionalidad democrática.

1991 hasta la actualidad — Marcos funda la Universidad del Norte en 1991, una universidad privada laica, sin ninguna subvención externa, de la que es Rector desde entonces. En 23 años, la Universidad alcanza el más alto nivel universitario en el Paraguay, con un número de 20.000 estudiantes y 23.000 egresados en su campus central de Asunción y sus Facultades Comunitarias en las ciudades de Caacupé, Caaguazú, Caraguatay, Ciudad del Este, Coronel Oviedo, Concepción, Encarnación, Itá, Itauguá, Luque, Pedro Juan Caballero, Villa Hayes y Villarrica. Sus simposios internacionales, sus conferencias magistrales ofrecidas, entre otros, por 12 laureados con el Premio Nobel, sus cinco revistas científicas, su editorial universitaria, la más grande del Paraguay, su museo universitario de arte, el único del país, sus compañías propias de orquesta sinfónica, ballet clásico y ópera, su brillante plantel docente, sus modernos laboratorios, clínicas, bibliotecas y metodología, sus generosos beneficios sociales, becas y atención médica gratuita a la población desventajada, y su excelente posicionamiento profesional de egresados, manifiestan un irrefutable compromiso ético y una visión de mejorar el perfil global del Paraguay y elevar la vida nacional.

1993-2008 — Marcos es elegido Diputado Nacional (1993), Senador de la Nación, Líder de Bancada y Presidente de la Comisión de Educación y Cultura de dicha Cámara, por el período de 2003 a 2008, año en que se retira de la política. En ese lapso es elegido Presidente del Parlamento Cultural del Mercosur (PARCUM), que integra a las comisiones de cultura de los parlamentos de Argentina, Bolivia, Brasil, Chile, México, Paraguay, Perú, Uruguay y Venezuela, siendo hasta ahora el único paraguayo en ocupar ese puesto.

2001 en adelante — Se publica en Nueva York la traducción al inglés de *El invierno de Gunter*, por Tracy K. Lewis. Le siguen las traducciones al alemán, árabe, bengalí, catalán, coreano, croata, chino, francés, estonio, finlandés, gallego, griego, guaraní, hebreo, hindi, húngaro, italiano, japonés, letón, lituano, maratí, polaco, portugués, rumano, ruso, serbio, sueco, turco, ucraniano, urdu y vasco. Sobre esta obra se han escrito innumerables ponencias, conferencias, artículos, memorias de grado, tesis de maestría, disertaciones doctorales, y libros en el Paraguay y en el exterior. En su país, Marcos ha recibido diversos honores, entre ellos distinciones de la Cámara de Senadores y de Diputados y condecoraciones como la Medalla del Ministerio de Defensa y del Ministerio de Cultura, y su obra ha sido declarada de interés educativo nacional por el Ministerio de Educación. En el exterior ha recibido doctorados y profesorados honorarios de universidades como Megatrend (Serbia), Kansas (Estados Unidos), Federal de Río de Janeiro (Brasil), UCES de Buenos Aires y Nacional de Mar del Plata (Argentina). Desde hace diez años, Marcos co-dirige un programa semanal de opinión en Radio Chaco Boreal de Asunción, y asesora el programa semanal UniNorte TV en televisión. Sigue enseñando en la Universidad del Norte desde 1991 y en el Instituto de Altos Estudios Estratégicos del Ministerio de Defensa desde 1995, y continúa pronunciando ponencias y conferencias, publicando artículos en revistas especializadas, y escribiendo obras literarias.[20]

Para quien diga que estos datos pecan de excesivos, en cantidad o en tono, respondemos que por el contexto paraguayo antes descrito, ha sido esencial mostrar a Marcos en toda su actuación dentro de la esfera pública. No se trata, ni mucho menos, de hacer «propaganda» a favor del hombre y su misión, sino de ayudar al lector a entender la gestación y las consecuencias de esta poesía. Tanto énfasis en los logros académicos de Marcos durante su exilio, por ejemplo, ha sido preciso para mostrar todo lo que el poeta *renunció* al volver al Paraguay en la post-dictadura. Y si hemos recalcado mucho sobre su carrera más reciente, lo hacemos para iluminar un escenario paraguayo contemporáneo que el mundo desconoce casi por completo, pero donde estos poemas siguen teniendo una proyección extraordinaria.

El lector de *Poemas y canciones* verá en los datos ofrecidos una plétora de resonancias. En particular, verá que los poemas remontan a tres épocas en la vida de Marcos: sus años de fervor artístico y activismo contra la dictadura (1969-1977), su asilo en la Embajada de México (agosto-diciembre 1977), y su exilio político en México, España, y Estados Unidos (1977-1989). También verá, dentro de este esquema, referencias específicas a su práctica de docencia secundaria en Asunción en los setentas, y a su tiempo de profesor en Oklahoma. También notables, aunque no figuran en la creación original de los poemas, son los regresos breves al Paraguay otorgados a Marcos durante los ochentas, pues fue en la visita de 1987 que el poeta logró publicar la primera edición del presente poemario.

La historia de esa primera edición, como tantas cosas en el Paraguay, no tomó el camino convencional, el de componer poemas sueltos, reunirlos en colección, y buscar editorial, sino que ocurrió en relación inextricable e insólita con la publicación de la novela de Marcos, *El invierno de Gunter*, también en 1987.[21] Fruto de los años tumultuosos de activismo, asilo, y exilio, los poemas en forma individual habían ya sido protagonista de sus circunstancias, no solo para reflejarlas, sino a la vez para cambiarlas. Musicalizados algunos, publicados otros en revistas, o simplemente recitados en momentos de protesta, solidaridad, o reflexión colectiva, habían ya cobrado vida consustancial con la evolución paraguaya y latinoamericana de la época. Pero nunca aparecieron todos juntos en forma impresa hasta que fueron (con la excepción de «Cincuenta veces cincuenta») ligeramente alterados para incluirse en *El invierno de Gunter*, figurando, casi todos, como supuestas composiciones de la heroína Soledad. Publicada en Asunción, como hemos dicho, por la editorial El Lector, la novela rápidamente conquistó el entusiasmo público, ganando el premio Libro Paraguayo del Año 1987. Y fue luego de aquella estruendosa publicación que Carlos Villagra Marsal, editor de la histórica serie Alcándara, le pidió a Marcos reunir los poemas (esta vez con «Cincuenta veces cincuenta») y publicarlos en su forma original, no novelada, como poemario. Esa fue la primera edición de *Poemas y canciones*.

Al contrario de la creencia común, pues, Marcos no extrajo los poemas de *Poemas y canciones* para integrarlos a *El invierno de Gunter*, sino que al revés, los transfirió de la novela al poemario. Tal heterodoxia es natural en Paraguay, donde el único camino factible para la gente de conciencia es a menudo el del iconoclasta, según las exigencias peculiares del país. En 1987, a la sombra de un régimen de *praxis* sadista y sin escrúpulos, pero cuyo andamiaje brutal empezaba a mostrar vulnerabilidad, era absolutamente necesario captar el momento, y abrir un espacio en letras de alta calidad, para las voces de oposición democrática. La publicación de *El invierno de Gunter*, novela de clara postura anti-dictatorial, abrió tal espacio. Y la serie Alcándara, creación visionaria de Villagra Marsal y otros, amplió ese espacio. La publicación de *Poemas y canciones* en Alcándara representaba la confluencia de dos corrientes de la oposición, la de los exiliados externos como Marcos, con su rica y difícil experiencia en el extranjero, y la de los que se habían quedado en Paraguay, o habían vuelto, como Villagra, sufriendo, aguantando, y esperando. Y que no se subestimen la audacia y la valentía de esta colaboración. Las cámaras de interrogación y tortura nunca estaban lejos.

Nótese que la *micro*-historia de *Poemas y canciones* y su autor reitera de tantas maneras los temas antes señalados de la *macro*-historia paraguaya: Marcos vive en carne propia la dura interioridad del Paraguay, conoce la exterioridad del mundo por el camino forzado del destierro, y vierte sobre la página su resultante *angst* de poeta y de hombre. Paraguay hacia dentro, Paraguay hacia fuera, y un arte existencial que nos toca a todos.

Como se ve tan solo leyendo los epígrafes y las dedicatorias de muchos de los poemas, la exterioridad que Marcos incorpora a su poesía abarca una rica gama de poetas y estilos internacionales. Por estas paredes reverberan ecos explícitos del peruano César Vallejo, de los españoles Federico García Lorca y Luis Cernuda, del cubano Nicolás Guillén, de la mexicana Elva Macías, del austríaco Georg Trakl, de los italianos Eugenio Montale, Libero de Libero y Cesare Pavese, de los franceses Arthur Rimbaud y Charles Baudelaire, y del cantautor chileno Víctor Jara, martirizado en el golpe derechista de 1973. Y de la interioridad paraguaya, hay resonancias de los poetas René Dávalos y Hérib Campos Cervera, y del propio Augusto Roa Bastos. A estas voces explícitamente presentes se pueden añadir muchas otras implícitas: el omnipresente Pablo Neruda; el pionero versolibrista estadounidense Walt Whitman; los antiguos profetas guaraníes de la Tierra Sin Males; el paraguayo Natalicio Talavera, vate de la Guerra de la Triple Alianza; el paraguayo José Asunción Flores, creador del género musical nacional de la guarania; y el argentino José Hernández, autor del poema épico gauchesco *Martín Fierro*. De hecho, la veta épica de *Poemas y canciones* remonta a épocas muy anteriores a Hernández; en las imágenes y cadencias de algunos poemas hay intimaciones de epopeyas medievales, y una suite de poemas incluso se titula «Gestos de gesta» en alusión a las antiguas canciones de gesta épicas.

    Sería tedioso y contraproducente, sin embargo, detallar en una introducción de esta brevedad todos los mecanismos concretos por los que estas influencias entran en el poemario. Tampoco sería apropiado catalogar aquí todos los recursos que Marcos emplea de su propia cosecha: las delicadas rimas internas (e.g. en «Hazme un sitio a tu lado»), los encabalgamientos (e.g. «Días de Heráclito» y «Canto de victoria III»), las disonancias semánticas (e.g. «Una antigua sangre»), los registros coloquiales (e.g. «Julio Iglesias»), los retruécanos y juegos de palabras (e.g. «Esposas»), los paralelismos (e.g. «Canto de victoria I, II, III»), los cambios abruptos de tono (e.g. «Cincuenta veces cincuenta»), y muchos más. Basta decir que se trata de un carnaval exuberante de técnicas que a la vez reta y conmueve al lector, y que por ende le hace *asumir la ropa y la piel del poeta*.[22] Es éste el punto central, por el que volvemos al comienzo de esta introducción. Es decir, como hemos intimado, el valor más trascendente de esta colección no es solo «informar» al público internacional sobre un país que apenas aparece en el radar del mundo, ni «educar» a ese público sobre una circunstancia política injusta, por loables que sean tales objetivos. La poesía es más que «educativa» en ese sentido. Es una sacudida que amplía nuestro ser como lectores y humanos, que nos identifica radicalmente con algo que no éramos para luego revelar que sí, lo somos. Marcos no exhibe su «paraguayidad» para que «simpaticemos» con ella, ni para que escribamos cartas a senadores y presidentes de empresas, ni para que invirtamos plata en artesanías y turismo al Chaco, sino más bien para que vayamos tanteando los secretos recovecos de una humanidad tenida en común. Para que, repitiendo una metáfora que usamos antes, palpemos el sustrato que nos lleva a una isla que equivocadamente pensábamos ajena.

Negociar el equilibrio entre interioridad y exterioridad produce, como hemos dicho, una tensión existencial de efectos notables en el arte. Pero esa dinámica no significa asimilarse servilmente a lo externo a expensas de lo interno. Para Juan Manuel Marcos, no se trata de dejar atrás su ser paraguayo, su *teko* como decimos en guaraní, sino más bien de llevar la consigna de ese ser camino a una universalidad enriquecida por su testimonio. Véase por ejemplo lo que dijo hace unos años cuando viajó a la India para el lanzamiento de la traducción de *El invierno de Gunter* al hindi:

> ... La India y el Paraguay comparten muchas magias ... Me parece mágico que ambos seamos un país multilingüe y multiétnico ... La India y el Paraguay han nacido a su independencia del ímpetu ... de Mahatma Gandhi y Fernando de la Mora, mártires de la libertad ... Es mágico que el nombre de nuestras patrias derive de un largo río que recorre varias naciones: el Indo y el Paraguay ... El Indo brota de la boca del león, el Paraguay salta como un chorro coronado de colmillos de tigre, al decir del poeta Manuel Ortiz Guerrero ... Los europeos conocieron el Indo con los capitanes de un emperador, Alejandro Magno, y navegaron el Paraguay dieciocho siglos después con los capitanes de otro emperador, Carlos V. Pero estos hijos de león y de tigre no iban a perder su identidad y su embrujo.
>
> En ... la tapa de una reciente edición en español de *El invierno de Gunter*, se insinúa misteriosamente el rostro de un tigre. Este también es un rostro mágico. El tigre desempeña un papel esencial en la cultura guaraní. Los guaraníes creen, y nosotros los paraguayos creemos, que un gran jaguar azul, volador y celestial, destruirá algún día el mundo malo y nos guiará a la Tierra Sin Males.

En esta cita presenciamos una escena inusitada en este mundo, la de un hombre culto valiéndose de su enorme erudición para profesar su sincera adhesión a una creencia milenaria proveniente de gentes que nada sabían de la modernidad. Lo que entiende él por «gran jaguar azul» que «nos guiará a la Tierra Sin Males», literal o simbólico, no lo hemos de juzgar. Lo importante es que es *suyo*, muy suyo, muy de su interioridad paraguaya, pero expresado en lo más externo imaginable para un paraguayo, en la India, en aras de una humanidad multicolor y multifacética.

Leyendo los versos de *Poemas y canciones*, nos sentamos con el poeta como con un viejo amigo del barrio. Vemos televisión con él. Nos quejamos de la inflación. Lloramos la ausencia de la amada. Echamos cualquier palabrota. Nos empedamos de licor o de lenguaje. Y de pronto nos damos cuenta de una cosa extraordinaria: la isla somos nosotros. A fuerza de una poética transformadora y de las poderosas analogías del espíritu, esa ausencia, ese exilio, esa pérdida y esa victoria, son nuestros.

«Este es un llamamiento», empieza un poema clave de la última sección,

> para que tú te asomes al fuego de la vida
> y en sus llamas de horror te purifiques,
> para que tú te lances al río de los otros
> y en su tibio caudal te reconozcas,
> para que tú bebas de golpe la alegría
> y en esa plenitud te desparrames,
> para que tú te abraces al primero que pasa
> y le invites a caminar contigo ... [23]

El eje *yo/tú* sobre el que versa la cita define en verdad toda la trayectoria de *Poemas y canciones*, libro que empezando en el *yo* asediado de lo paraguayo, enarbola ese núcleo por círculos concéntricos hacia afuera para ensanchar progresivamente su alcance y su identidad – *poesía conosureña ..., poesía sudamericana ... , poesía latinoamericana ...* – hasta dar con el círculo más amplio, que eres tú, lector: poesía, en fin, *humana*. Lánzate, pues, lector, a ese río de los otros. Hermánate con ellos en el poder de la Palabra poética, pues como concluye el poema citado,

> Porque tienes derecho al pan, al libro, al aire,
> al fugitivo amor y a la esperanza,
> yo te nombro de nuevo en este llamamiento
> ¡y te hago mundial esta semana![24]

Tracy K. Lewis
Oswego, Nueva York,
EE.UU.

Notas

1 Marcos tiene, como hemos indicado, una orientación histórica no compartida por todos. Sin embargo, eso no significa que su poemario excluya a partidarios de otras perspectivas. La poesía es un mundo más ancho que la historia, y se ruega al lector experimentar este poemario en toda su plenitud humana, y no según un criterio excesivamente historicista.
2 Ver por ejemplo la información histórica en <www.buenosaires.gob.ar>.
3 Ver por ejemplo <www.newadvent.org.cathen/126886.htm>.
4 Hubo también otra sublevación comunera en Paraguay, la de 1730 bajo el liderazgo de Fernando de Mómpox y Zayas. Consideradas juntas, las dos rebeliones comuneras paraguayas marcan un portento importante de la eventual independencia de todas las colonias europeas del Hemisferio Occidental.
5 Ver <www.newadvent.org.cathen/126886.htm>.
6 Existen otros estimados más bajos de la mortandad paraguaya en la Guerra de la Triple Alianza. Ver por ejemplo el libro de Doratioto, pp. 456-61. Aunque se acepten las cifras más bajas, sin embargo, no es posible negar que la guerra fue una catástrofe demográfica para el Paraguay.
7 Fuentes de los datos de toda esta cronología son, además de las citadas ya, los libros *Forjadores del Paraguay* y *A History of Latin America* de Herring. El libro de éste, aunque viejo y notablemente carente de objetividad tratándose del Paraguay, sigue teniendo valor como fuente de información básica. Otra fuente de inestimable valor para esta cronología, y sobre todo para lo referente a Francia, Artigas, los López, la Guerra de la Triple Alianza, y la época 1880-1936, ha sido el propio Juan Manuel Marcos, en una comunicación personal de noviembre de 2014.
8 Para datos sobre la suspensión y reintegración del Paraguay, véase por ejemplo <http://agenciabrasil.ebc.com.br/en/internacional/noticia/2014-07>.
9 Lo que dice Roa en la primera página de su artículo «Los exilios del escritor en el Paraguay» es que los esfuerzos de países extranjeros para dominar al Paraguay lo «convirtieron ... en una 'isla rodeada de tierra' en el corazón del continente» (p. 29). Numerosos comentaristas, sin embargo, se han aferrado únicamente a esas palabras «isla rodeada de tierra». Véase, entre muchos ejemplos posibles, la primera frase del libro de Gimlette, p. xv.
10 Ver por ejemplo el artículo de Hausmann, pp. 46-47.
11 Ver por ejemplo el libro de Doratioto, pp. 199, 210-216, y 250.
12 El libro de Súsnik y Chase-Sardi presenta numerosos casos de la severidad jesuítica, que a veces llegaba a constituir manipulación y abuso. Ver pp. 72-83.
13 De estos 2%, algunos son de etnias no guaraníes. También, 2% es la cifra mínima comúnmente aceptada. El verdadero número puede ser más alto, por las dificultades geográficas y sociales de hacer censos confiables de poblaciones indígenas. Ver Pero Ferreira, p. 4.

14 Los 6% restantes hablan otras lenguas indígenas, o lenguas de grupos inmigrantes. Estas cifras son un poco viejas, del censo nacional de 1992, pero creemos que siguen representando aproximadamente la distribución lingüística del Paraguay. El libro de Galeano Olivera las cita, p. 10. Para cifras similares más recientes, véase por ejemplo el artículo de *The Prisma*.

15 Ver el libro de Súsnik y Chase-Sardi, sobre todo pp. 275-79 y 288-90, y el volumen editado por Roa Bastos *Las culturas condenadas*, sobre todo pp. 21-29.

16 Tal vez el mejor ejemplo de ese simbolismo es la novela *El invierno de Gunter* del propio Juan Manuel Marcos. Véase en particular el capítulo 1 de la primera parte.

17 Queda aparte aquí la cuestión de culpabilidad por la guerra, sobre todo respecto al papel de Solano López. Los datos presentados antes proporcionan un retrato favorable de éste, pero no es nuestra intención encubrir la existencia de la controversia. ¿Fue un megalómano napoleónico que provocó las hostilidades, o fue el paladín justiciero de su patria? Hemos presentado de buena consciencia la segunda opción, recomendando a la vez que el lector se familiarice con la polémica en todas sus dimensiones. Buen ejemplo de la postura anti-lopizta es el libro de Doratioto. Para una presentación positiva de López, ver por ejemplo los escritos de O'Leary, o, como texto más reciente, el libro del propio Marcos *Roa Bastos: precursor del post-Boom*, pp. 23-28.

18 No es necesario entrar mucho aquí en los particulares de la teoría de Castro, que analiza la producción de numerosos escritores españoles del medievo y del Siglo de Oro, detallando el drama existencial ocasionado por el sistema de castas socio-religiosas dominante en aquel entonces. Ver por ejemplo sus libros *Cervantes y los casticismos españoles* y *Hacia Cervantes*.

19 Véase el artículo de Marcos sobre la poesía de Macías.

20 Partes de esta cronología son una paráfrasis de datos incluidos en la introducción a mi edición crítica de *El invierno de Gunter*, pp. 30-32. Fuentes originales de los datos son numerosas conversaciones personales con el autor, mensajes electrónicos de él, y el artículo de J.A. Galeano en *Forjadores del Paraguay*, pp. 407-408. A todos estos datos, sin embargo, se han incorporado abundantes informaciones proporcionadas posteriormente por Marcos, notablemente en una comunicación personal de noviembre de 2014, estando yo de visita en Asunción. Así se ha enriquecido grandemente el cuadro presentado en la edición crítica de la novela.

21 Como se ha dicho, en años recientes la novela ha ganado una presencia internacional considerable, con varias ediciones nuevas en castellano, y con traducciones publicadas en más de 30 idiomas. Ver por ejemplo *Gunter's Winter*, mi traducción al inglés, y mi edición crítica en castellano.

22 La idea del lector participativo es también fundamental a la novela *El invierno de Gunter*. Para una explicación más completa, ver mi introducción a la edición crítica.

23 De «Canto de victoria III», poema antepenúltimo de la colección. También utilizo este poema, en su forma novelada, como texto ejemplar en mi introducción a la segunda edición de *El invierno de Gunter*. El lector de ese prólogo verá una interpretación semejante a la que ofrezco aquí.

24 «Canto de victoria III».

Obras Citadas o Mencionadas

Amaral, Raúl, et al., eds. *Forjadores del Paraguay: diccionario biográfico*. Buenos Aires: Distribuidora Quevedo de Ediciones, 2000.
(No se nombra autor). *Bienvenido a la Secretaría del Mercosur*. Secretaría del Mercosur. 3 dic. 2014 <http://www.mercosur.int/>.
Castro, Américo. *Cervantes y los casticismos españoles*. Madrid: Alfaguara, 1966.
_____. *Hacia Cervantes*. 3a ed. Madrid: Taurus, 1967.
Doratioto, Francisco. *Maldita guerra: nova história da Guerra do Paraguai*. São Paulo: Companhia das Letras, 2002.
Galeano, José Antonio. «Juan Manuel Marcos.» En *Forjadores del Paraguay: diccionario biográfico*. Eds. Raúl Amaral et al. Buenos Aires: Distribuidora Quevedo de Ediciones, 2000, pp. 407-408.
Galeano Olivera, David A. *Diferencias gramaticales entre el guaraní y el castellano: estudio contrastivo, y su incidencia en la educación*. Asunción: Ateneo de Lengua y Cultura Guaraní, 1999.
Gimlette, John. *At the Tomb of the Inflatable Pig: Travels Through Paraguay*. Nueva York: Vintage, 2005.
(No se nombra autor). «Guaraní: un idioma contra viento y marea.» *The Prisma: the Multicultural Newspaper*, 21 oct. 2012. 17 oct. 2014 <http://www.theprisma.co.uk/es/2012/10/21/guarani-un-idioma-contra-viento-y-marea/>.
Hausmann, Ricardo. «Prisoners of Geography.» *Foreign Policy*, enero-febrero 2001, 45-53.

Herring, Hubert. *A History of Latin America*. Nueva York: Knopf, 1967.

Huonder, Anthony. «Reductions of Paraguay.» *The Catholic Encyclopedia*, vol. 12, 13 oct. 2014. 13 oct. 2014 <http://www.newadvent.org./cathen/126886.htm>.

Lewis, Tracy K. «Educar la mente en la paradoja: voz de las voces de *El invierno de Gunter*.» Introd. a *El invierno de Gunter* por Juan Manuel Marcos. Edición crítica. Asunción: Servilibro, 2013, pp. 11-35.

⸺. «Palabras preliminares para la nueva edición de *El invierno de Gunter*.» Introd. a *El invierno de Gunter* por Juan Manuel Marcos. 2a ed. Asunción: Criterio Ediciones, 2009, pp. 9-11.

Marcos, Juan Manuel. *Así como por la honra: selección de textos sobre la libertad*. Archivo del Liberalismo, 1990.

⸺. Conversaciones personales con Tracy K. Lewis, 2009-2014.

⸺. Correo electrónico a Tracy K. Lewis, numerosos mensajes, 2010-2014.

⸺. *De García Márquez al post-Boom*. Madrid: Orígenes, 1985.

⸺. *El invierno de Gunter*. Asunción: El Lector, 1987.

⸺. *El invierno de Gunter*. 2a ed. Asunción: Criterio Ediciones, 2009.

⸺. *El invierno de Gunter*. Ed. Tracy K. Lewis. Ed. crítica. Asunción: Servilibro, 2013.

⸺. *Gunter's Winter*. Trad. Tracy K. Lewis. Nueva York: Peter Lang, 2001.

_____. «Palabras en la Academia Sahitya, la Academia Nacional de Letras de la India, con motivo de la presentación de la traducción al hindi de *El invierno de Gunter*, Nueva Delhi, lunes 27 de febrero de 2012.» Recibido del autor en un mensaje electrónico previo, 16 febrero 2012.

_____. *Poemas*. Asunción: Criterio, 1970.

_____. *Poemas y canciones*. Asunción: Alcándara, 1987.

_____. «La poesía de Elva Macías como una forma (femenina) de conocimiento.» *Revista Iberoamericana*, 132-133 (julio-diciembre 1985), 785-92.

_____. *Roa Bastos: precursor del post-Boom*. México, D.F.: Editorial Katún, 1983.

_____. et al. *López* (montaje teatral de textos de varia autoría). Grupo Experimental de Teatro Anguekói. 1973.

O'Leary, Juan E. *El libro de los héroes: páginas históricas de la Guerra del Paraguay*. Asunción: Librería la Mundial, 1922.

(No se nombra autor). «11 de junio de 1580: segunda fundación de Buenos Aires.» Gobierno de la Ciudad de Buenos Aires. 10 oct. 2014 <www.buenosaires.gob.ar/areas/ciudad/histórico/calendario/destacado.php?ide=44&menu_id=232037>.

(No se nombra autor). «Paraguay Back in Mercosur Meetings.» 28 julio 2014. 14 oct. 2014 <http:// agenciabrasil.ebc.com.br/en/internacional/noticia/2014-07>.

Pero Ferreira, Alejandra M. *Country Technical Note on Indigenous Peoples' Issues: Republic of Paraguay.* Nov. 2012. International Fund for Agricultural Development. 17 oct. 2014 <www.ifad.org/english/indigenous/pub/documents/ ... paraguay_en.pdf>.

Roa Bastos, Augusto, ed. y compilador. *Las culturas condenadas.* Asunción: Fundación Augusto Roa Bastos, 2011.

_____. «Los exilios del escritor en el Paraguay.» *Nueva Sociedad*, 35 (marzo-abril 1978), 29-35.

Súsnik, Branislava y Miguel Chase-Sardi. *Los indios del Paraguay.* Madrid: Editorial MAPFRE, 1995.

(No se nombra autor). *Universidad del Norte.* 2013. 17 oct. 2014. <http://www.uninorte.edu.py/index.php/la-universidad/historia>.

Introduction

The Concentric Circles of Juan Manuel Marcos' *Poemas y canciones*

What the reader has in hand, like any substantial work of literature, is a meeting point, an intersecting of planes that cross in the electricity of the written Word. For that reason, to say simply «work by X author» is to give the most trivial detail, unless that statement bears with it some sense of the contextual energy that flowed from the author's hand onto the page. We begin by affirming, «poetry by Juan Manuel Marcos,» obviously, but through him, *Poemas y canciones* is the work of his time and place, Paraguay in the 1970's and 1980's. What is more, it is the work of many times and many places, including yours, dear reader. It is work that by the magnetism of its verse, by the vast learning and technical virtuosity of the poet, and by its blend of private confession and public conscience, draws the reader into a sudden realization of identity with the reading.

To say this of a Paraguayan poet is no small thing, given the historical and cultural circumstances which have always marked Paraguay with a kind of negative exceptionalism, separating it unjustifiably from the rest of Latin America and the international community. It has been hard for other Latin Americans, or for others of any continent, to see in this isolated, supposedly idiosyncratic country a cipher of their own condition. The genius, however, of *Poemas y canciones* is precisely that it it projects those marks of difference as marks of a wider, broadly human identity. Paraguay in all its putative idiosyncrasy, in its historic misfortune and its perennial struggle and its transcendence, is us.

HISTORICAL BACKGROUND.

Such an apparently radical statement requires a few basic historical facts, particularly as these will be new to most non-Paraguayan readers. As the reader will observe, we offer this information in full awareness of its adherence to a notably *Paraguayan* historical perspective, and what is more important for the purposes of this introduction, to a historical perspective with which the *poet himself* passionately concurs. No impartiality is intended here with respect to historical figures like Francia, the two López, and Stroessner; to events like the War of the Triple Alliance and the Chaco War; nor to certain forces that have shaped Paraguay's trajectory among nations. We know, of course, that other interpretations exist, but we also believe it is high time to place among them this particularly Paraguayan vision, worthy of consideration and, until now, deeply marginalized outside of Paraguay. Not to offer that vision would mean depriving the reader of the historical perspective that infuses *Poemas y canciones*.[1]

Admitting in advance that the information given is anything but comprehensive, we offer it in the form of a chronology:

1536 — The so-called «first» foundation of Buenos Aires by a group of Spaniards led by Pedro de Mendoza. The new settlement is subsequently destroyed in indigenous attacks.[2]

1537 — The foundation of Asunción, capital of what is today Paraguay, by one of Mendoza's subordinates, Juan de Salazar. With the destruction of Buenos Aires, Asunción assumes for much of the century status as a center of Spanish power throughout the River Plate basin.

1580 — The «second,» definitive founding of Buenos Aires, after which the city grows steadily in size and influence. The second founding is accomplished by forces sent from Asunción, under the command of Juan de Garay.

1587 — Arrival of the first Jesuits in the region of Paraguay. Some years later, in 1606, the Jesuit Province of Paraguay is formally established, leading to the founding of a series of mission communities, the *reducciones*, where indigenous inhabitants of the area are grouped and catechized. The system has the full support of King Felipe II of Spain and his successors, but is an object of hostility from certain elements of the colonial population, both native-born Spaniards and *criollos* (creoles) born in the New World.[3]

1723 — The *comunero* revolt by the *criollos* of Asunción against the Spanish governor, Diego de los Reyes Balmaceda. Headed by José de Antequera y Castro, a lawyer from Panama, the revolt is today considered an important forerunner of the 19th-century independence movement, also led by *criollos*. One motive for the insurrection is *criollo* resentment against the Jesuits, whose interests Reyes Balmaceda had favored. The rebels succeed in deposing Reyes, but their rebellion subsequently fails. Their leader Antequera, jailed in Lima, dies by execution in the same city.[4]

1767 — Expulsion of the Jesuits from the entire region, by decree of King Carlos III of Spain. Promulgated at the insistence of strong anti-Jesuit elements in Spain and Portugal, the decree undoes a century and a half of Jesuit mission work in the region and leads to the dismantling of the *reducciones*, tragically scattering thousands of Guarani residents.[5]

1776 — Creation of the Spanish Viceroyalty of La Plata.

1810 — First steps toward independence declared in an open meeting of leaders in Buenos Aires. Two months later, a similar meeting in Asunción produces like-minded declarations, but rejects the leadership of Buenos Aires in the independence movement.

first months of 1811 — In the conflict between Paraguayans and Buenos Aires, an expeditionary force from the latter city, under the command of Manuel Belgrano, is defeated by Paraguayans still loyal to the Spanish crown. Despite this defeat, however, sentiment for independence continues to gain ground among the Paraguayan population.

May, 1811 — Paraguay's declaration of independence. A

board comprised of Fulgencio Yegros, Fernando de la Mora, Pedro Juan Caballero, Francisco Javier Bogarín, and José Gaspar Rodríguez de Francia assumes the reins of government, and in the celebrated «Nota del 20 de Julio de 1811,» drafted by de la Mora and signed by all five members, declares its commitment to principles of equality and sovereignty and its sympathy with the formation of a federation of the provinces of the former Spanish viceroyalty. Francia, however, a Machiavellian theologian of Portuguese extraction, manipulates the situation so as to assume sole power for himself. Proclaimed Supreme Dictator, he suppresses higher and secondary education; jails, tortures, and executes the Founding Fathers of Independence; severs communication between Paraguay and the outside world; discourages every form of modernity and cultural expression in the country; insures the failure of every attempt at federalism, thus leaving the dismembered River Plate provinces at the mercy of the Luso-Brazilian Empire; and in general creates a climate of terror that will last until his death.

1811-1820 — The Uruguayan José Gervasio Artigas, another proponent of River Plate federalism, leads a broad movement for the independence of Uruguay but finds himself betrayed by his colleagues and forced to live out his days in Paraguay under the control of Francia.

1828 — Founding of the *República Oriental del Uruguay* (Eastern Republic of Uruguay), a country which Artigas never lived to see but which by its creation keeps alive his ideal of a federation of the former provinces of the viceroyalty: Paraguay, Uruguay, Argentina, and the Santa Cruz de la Sierra region of Bolivia.

1840 — Death of the dictator Francia.

1844 — The lawyer Carlos Antonio López assumes sole leadership of Paraguay after a three-year period of shared power. His government drastically alters the model enforced by Francia, opening the country to international trade, promoting education and culture, sending young Paraguayans to study in Europe, hiring European, and especially British, teachers, professionals, and technicians, incorporating technology, developing railroads, shipyards, arsenals, and public works, fomenting vigorous economic growth, and renewing dialogue with Argentine and Uruguayan leaders concerning the region's historic dream of federalism. López' federalist overtures provoke concern in Brazil, which wishes to control the Paraguayan territory now located in the Brazilian state of Matto Grosso do Sul.

1853 — President López' eldest son, General Francisco Solano López, travels to Europe to deepen his military skills, fortify Paraguay's international relations, and weave political alliances with that continent. In France Solano López meets Eliza Lynch, a beautiful Irish woman who then returns to Paraguay with him, bears him seven children, and remains with him till his death years later on the field of battle.

1862 — Death of Carlos Antonio López. Francisco Solano López assumes power.

December, 1864 — Outbreak of the War of the Triple Alliance, in which Paraguay faces the combined forces of Brazil, Argentina, and Uruguay. The war is the result of territorial disputes between Paraguay and Brazil, as well as Brazilian attempts to influence Argentine and Uruguayan politics through corrupt officials. Despite its geographic isolation, Paraguay triumphs in the opening battles against the three countries combined and succeeds in greatly prolonging its unequal struggle. Eventually, however, the Paraguayan side is destroyed, and in the process loses 25% of its territory and some 80% of its male population.[6]

March 1, 1870 — The Brazilian army, having burnt down the hospital for the wounded in Piribebuy and murdered 3500 Paraguayan children in Acosta Ñu, assassinates Paraguayan President Solano López, who was already disarmed, in the Battle of Cerro Corá, the last engagement of the war.

1880-1936 — As a consequence of the ideas of Paraguayan historians like Juan E. O'Leary, Manuel Domínguez, and Manuel Gondra, as well as measures taken by leaders like Eligio Ayala and Rafael Franco, the memory of Solano López is vindicated with the Paraguayan populace, which comes to see him now as a hero who fought to preserve the nation's independence. During this period when the Liberal side of Paraguayan politics predominates, the country strengthens its institutions and emerges from its ashes under leaders such as Bernardino Caballero, Emilio Aceval, Eduardo Schaerer, José Patricio Guggiari, and the great statesman Eligio Ayala.

1932-1935 — The Chaco War, during which bloody conflict Paraguay defeats Bolivia and legitimates its possession of the Chaco, approximately 60% of its national territory. Key leaders of the Paraguayan victory are the brilliant Liberal president Eusebio Ayala and the French-trained military commander José Félix Estigarribia.

1947 — The rise of fascist groups within the Paraguayan Armed Forces, in the context of similar trends a few years earlier in the world at large, leads to the civil war of 1947. Conservative populist elements, both civilian and military, buoyed by support from the Argentine strongman Juan Perón, gain the upper hand, forcing many of Paraguay's most valued intellectuals, among them the great writer Augusto Roa Bastos, into exile.

1954-1989 — The dictatorship of Gen. Alfredo Stroessner, noteworthy for its combination of venality, political astuteness, and cruelty. Propping itself up on an ideology of strident anti-communism, the regime draws support from the most reactionary U.S. administrations as well as from populist leaders in Argentina and from Brazil's military dictatorship, which uses it as a puppet. Repression by the Stroessner regime forces thousands into exile in neighboring countries, North America, and Europe, and leaves many others, internal opponents of the government, suffering the forced silence of self-censorship. Among the external exiles, the author of this collection, Juan Manuel Marcos, from 1977 to 1989.

1989 to the present — Era of the post-dictatorship, in which democracy is restored but fragile owing to weak institutions, an uneducated populace, and generalized corruption. In 1989 the elderly Stroessner is deposed from power in a coup d'état carried out by military and civilian elements of his own party, the Colorados. The Colorado Party remains in power after the coup, with the exception of a five-year opposition hiatus brought on by the election victory of an alliance of Liberals and socialists in 2008.[7]

1991 to the present — Years of Paraguay's participation as a founding member in the Common Market of the South, known informally as the Mercosur. The other founding members are Argentina, Brazil, and Uruguay. The founding treaty is signed in Asunción. The organization's official languages are Spanish, Portuguese, and Guarani. The founding countries, plus Venezuela, have full membership, while associate membership is accorded to Chile, Bolivia, Colombia, Ecuador, and Peru. Due to the political crisis surrounding Paraguayan President Fernando Lugo's removal from office in 2012, Paraguay is «suspended» from the Mercosur, only to be reinstated a year later upon accepting Venezuela's entry into the organization.[8]

In any analysis of Paraguayan history it has become almost *de rigueur* to quote Augusto Roa Bastos' observation that Paraguay is an «island surrounded by land.»[9] We too comply with that obligation, not out of simple adulation for the venerable Paraguayan writer, but because his sentence, even as a cliché, expresses a profound truth about Paraguay. Ever since its incorporation into the Spanish Empire in the 16th century, Paraguay has been a world apart, distinct from the Andean region to the west, distinct from the Buenos Aires-Argentine sphere to the south, and distinct from the Luso-Brazilian hegemony to the north and east, on whose unstable frontier it has struggled mightily not to be absorbed.

However much some historians discount the historical importance of geography, it seems to us that the latter has been decisively important in the formation of Paraguay. Paraguay has been, and to a certain extent remains, a textbook case of what it means to be landlocked.[10] Throughout the colonial period, all during the 19th century, and well into the 20th, «landlockedness» was a constant theme in the country's development, or under-development. The lack of a seacoast, the country's problematical access to oceans via rivers controlled by others, and the omnipresence of scarcely penetrable tropical forests, were a combination of factors not faced by any other South American nation, with the exception of Bolivia. Nor is it hard to verify certain results, as seen in the chronology presented earlier: the survival, over more than a century, of the so-called «Jesuit utopia,» so radically different from other Spanish colonial jurisdictions; the ease with which the dictator Francia was able to cut off relations with neighboring nations; the Paraguayan ability to prolong the War of the Triple Alliance simply by maintaining the fortress of Humaitá on the Paraguay River.[11] Indeed, the entire question of access to the sea was doubtless an underlying cause of the conflict with the Triple Alliance, with eventually disastrous consequences for Paraguay.

However, to show with greater clarity the roots of Paraguayan isolation we must add to the geographic factor another, purely human factor: the absolutely singular relationship which existed in Paraguay between colonizer and colonized, between the country's European heritage and its indigenous heritage. The Jesuit period in Paraguay was exceptional within Spanish colonialism not only for its theocratic administration, but also for its *raison d'etre*: the defense and prosperity of its recently evangelized Guarani communities. To be sure, the Jesuits were quite severe in governing the Guarani,[12] but by grouping them in protected *reducciones*, they stemmed the violence of Brazilian slave-traders and the greed of other Spanish colonists, thereby promoting the Guarani language and laying the foundation for Paraguay's Guarani-speaking mestizo majority. Thus was born something absolutely unparalleled on the world stage: a society where the colonizer *adopted the language of the colonized*. Unlike the case of Peru, for example, in Paraguay the indigenous tongue ceased to be *only* indigenous, and became in fact the majority national language. In today's Paraguay, a country where the indigenous population comprises only about 2% of the total,[13] some 50% of the people are bilingual in

Guarani and Spanish, and some 37% speak *only* Guarani. Fully 87% of Paraguayans, that is, are Guarani speakers, while a scant 7% are monolingual in Spanish.[14] This linguistic distribution does not mean that Paraguay's indigenous peoples have suffered fewer abuses than those of other countries in the Americas; Paraguay is at least as guilty in this respect.[15] But it does mean that Paraguay possesses a linguistic and historical difference which is both a source of pride and of separation from other nations.

Of course, it was not only the Guarani *language* which entered the national consciousness. Aspects of the world view encoded in that language were also internalized. Attitudes, myths, and beliefs were absorbed, not, to be sure, in their pre-Hispanic aboriginal form, but rather in a way which is singularly *Paraguayan*. So it is that today's Paraguay is home to an absolutely unique, complex bilingual literature, replete with mythic allusions and the rich symbiosis of European and Guarani elements. So it is that today's Paraguayan speaks, seriously or in jest, of *pomberos, ao ao, poras, Jasyjatere*, and other denizens of the Spanish-Guarani supernatural. So it is that today's Paraguayan studies the shadows with particular attention as he or she walks the country roads at night. And so it is that the pre-Hispanic Guarani search for *Yvy Marae'y*, the Land Without Evil, lives on today as a political aspiration and as a powerful literary symbol.[16]

I am far from the first to describe Paraguay's isolating «interiority» in these terms. Our analysis up to this point is anything but original. If, however, we focus on the converse side of the equation, on Paraguay's equally deep-seated calling to «exteriority,» perhaps we will have brought something new to the discussion. It is a grave mistake to speak of Paraguay as if it were the proverbial hermit kingdom, complacent in its magnificent seclusion. Throughout its history, Paraguay has searched, successfully or catastrophically, for the difficult balance between its internal difference and its yearning to externalize. The historical chronology cited earlier reveals interesting data in this regard: the back-and-forth of power between Buenos Aires and Asunción in the colonial era; the links between the Paraguayan independence movement and other regional *independentistas*, such as Artigas; the holocaust of the War of the Triple Alliance, ignited precisely by Paraguay's problematical relations with its neighbors;[17] the experience of millions of exiles, who upon repatriation bring with them the vast contribution of their life abroad; the central and at times conflictive role of Paraguay in the creation and functioning of the Mercosur. Clearly, we need nuance in interpreting Roa Bastos' famous dictum: Paraguay is indeed an island surrounded by land, but yearning for contact, and rich in existential tension as a result.

The Biographical and Literary Context.

It requires, of course, a certain intellectual leap to apply the word «existential» to an entire nation's unfolding. We do so, however, buoyed by the illustrious precedent of Américo Castro, the mid-20th-century Spanish thinker whose dazzling series of books documented the trajectory of medieval and Renaissance Spain in terms of the socio-existential anguish of its most distinguished writers. What is important here is not Castro's specific interpretation, but rather his central premise: that those who produce art are the truest measure of their society's collective becoming.[18] The artist, and for our present purpose the creator of literature, is at once a lightning rod, a reflector, and a protagonist of that collectivity, and it is through his or her artistic struggle that we touch the deep substrate that connects us to it.

Juan Manuel Marcos and his *Poemas y canciones* are the best possible example of this concept. Again, a brief chronology will support our argument:

1950 — Birth of the poet in Asunción, son of José Marcos, a Spanish Republican living in exile in Paraguay, and Amanda Álvarez, a Paraguayan woman whose ancestors include Hernandarias (1561-1634), the first River Plate governor born in the Americas.

1956-1967 — Elementary and secondary schooling at Asunción's Colegio San José, founded by French priests in 1904. While there he excels both academically and literarily, and serves as president of the school's Literary Academy, Paraguay's oldest, whose alumni include some of the country's foremost writers, among them Gabriel Casaccia, Hérib Campos Cervera, Augusto Roa Bastos, Hugo Rodríguez Alcalá, José María Gómez Sanjurjo, and José Luis Appleyard.

1970 and years immediately following — Along with

Maneco Galeano, Carlos Noguera, Mito Sequera, Emilio Pérez Chaves, and others, Marcos founds Joven Alianza (of which he is elected General Coordinator), an association of poets and musicians which becomes the touchstone of the Nuevo Cancionero Popular Paraguayo movement. The movement opposes the Stroessner dictatorship by organizing massive recitals in Asunción and throughout the country, and in the process has a deep renewing influence on Paraguayan poetry and music.

Poems, stories, and articles by Marcos appear in this period in dailies like *La Tribuna* and *ABC Color*, other newspapers such as *Frente*, *Sendero*, and *El Radical*, and magazines such as *La Estrella*, *Época*, and *Acción*. In 1970, the poet wins the René Dávalos Prize, sponsored by the journal *Criterio* and awarded by a jury made up of Augusto Roa Bastos, Rubén Bareiro Saguier, and José María Gómez Sanjurjo, for his book simply titled *Poemas*, with illustrations by the Brazilian artist Livio Abramo. Thus begins Marcos' relationship with the *Criterio* generation, the most important nucleus of writers and thinkers shaping Paraguayan literature since the 1960's.

1973 — His theatrical production *López*, with music by Galeano, Noguera, and Sequera, debuts to enthusiastic crowds in Asunción. The work presents a positive interpretation of Solano López' place in history. A number of its musical themes, such as «¡Independencia o muerte!,» «A la residenta,» and «Canto a Alberdi,» all with lyrics by Marcos, have become an enduring part of Paraguayan culture, having been presented at numerous mass concerts and recorded many times in Asunción and Buenos Aires.

1971-1977 — Simultaneously with the aforementioned activities, Marcos carries out duties as a teacher of literature at his *alma mater*, the Colegio San José, as well as at the Colegio Teresiano, the Colegio Dante Alighieri, the Colegio Juan Ramón Dahlquist, the Seminario Metropolitano, and the National and Catholic Universities in Asunción.

1977 — Having savagely repressed members of the First of March Organization (OPM), an armed anti-Stroessner group, the dictatorship undertakes «preventive» repressive measures against Marcos and other intellectuals linked to *Criterio*, who had no relationship whatsoever with the OPM. After suffering arrest and illegal abuses in the much-feared Department of Investigations, some of these intellectuals are sent to prison at Emboscada. Others find asylum in embassies, and eventually go into exile. Detained in July, Marcos receives asylum in the Mexican Embassy in Asunción on August 25th. For the duration of his asylum, he is only permitted to see his wife Greta briefly each Tuesday. Finally granted safe conduct out of Paraguay in December, he departs for exile in Mexico, still unaccompanied by his wife and his son Sergio.

1978 — After a one-month stay in Mexico, where he is befriended by the poet Elva Macías and her husband, the fiction writer Eraclio Zepeda[19], Marcos departs for Madrid on January 11th. At last reunited with his family, he teaches at a secondary school in the Spanish capital, and earns his doctorate in philosophy from the Universidad Complutense.

1980 — In August Marcos moves with his family to Pittsburgh, Pennsylvania, U.S.A., where having been awarded a Provost's Humanities Fellowship and an Andrew Mellon Fellowship he earns a master's and a doctorate in literature from the University of Pittsburgh. This is also the time when his daughter Valeria Jimena is born.

1982 and years immediately following — Marcos and his family again move in August, this time to Stillwater, Oklahoma, U.S.A., where he has received the first of seven professorships he will be offered in the United States. In Stillwater he teaches literature until 1988 at Oklahoma State University. While there he also founds the influential journal *Discurso Literario*, with an editorial board bearing such names as Claude Levi-Strauss, Hans-Georg Gadamer, and Jacques Derrida, organizes four international symposia, and presents more than 60 lectures all around the country. Other accomplishments include publication of more than 50 articles in juried journals of major repute, including *Revista Iberoamericana*, the world's oldest and most important journal in its field, and diverse distinctions and research grants, including a National Endowment for the Humanities Fellowship at Yale, a South Central Modern Language Association Research Grant at the University of

Texas in Austin, and a Mid-America State Universities Association Honor Lecture at the University of Kansas in Lawrence. In Marcos' six years at Oklahoma State University he rises through the ranks of Visiting Assistant, Assistant, Associate, and Full Professor, while earning tenure and permanent residency in the United States and receiving offers to teach at Purdue University (Indiana), Southern Methodist University (Texas), and the University of California at Los Angeles (UCLA).

Also in 1982, he returns to Mexico to receive the *Plural* International Essay Prize, sponsored by the magazine *Plural* and the daily *Excelsior*, for his article «Yo el Supremo como reprobación del discurso histórico,» which he thereupon incorporates into his book *Roa Bastos: precursor del post-Boom*, published by the Mexican publisher Katún in 1983. The prestige of the *Plural* Prize, named for the well-known magazine founded by Octavio Paz, as well as Marcos' electrifying writing style and mastery of theory in both philosophy and literature, lead to further editions of his essay and establish him as a key exponent of post-Boom studies. Even the staid Modern Language Association pays him tribute by indexing the term *postboom*, coined by Marcos, in its voluminous Bibliography, with world-wide circulation, something quite extraordinary for an intellectual only 33 years of age.

1984-1989 — Under pressure from Argentine President Raúl Alfonsín, the Stroessner regime allows Marcos to return to Paraguay for short periods, but not to stay. These visits occur in 1984, 1986, and 1987. In June of 1988, to support Radio Cáritas, the only independent medium of communication still permitted by the dictatorship, he organizes an international symposium with participation by Kathleen Kennedy, President of the Robert Kennedy Foundation, along with such professors as Tracy K. Lewis, Paul Lewis, Gordon Campbell, Joaquín Ruiz Jiménez, and Bella Josef. Presiding over the symposium is the Archbishop of Asunción, Monsignor Ismael Rolón Silvero.

1986 — The Madrid publisher Orígenes publishes Marcos' book *De García Márquez al post-Boom*, adding further to the author's impact on international Hispanic studies.

1987 — Publication by the Asunción publisher El Lector of Marcos' novel *El invierno de Gunter*, with cover design by the *Criterio*-affiliated artist and architect Luis Alberto Boh. The publication takes place in the presence of the author, with the dictatorship still very much in power. The book presentation ceremony presents an extraordinary scene, organized as it is by the musical group Sembrador of the opposition *Nuevo Cancionero* movement instead of by the usual literary presenter, and occurring as it does at the publisher's headquarters with a crowd of over three thousand overflowing into the street and infiltrated by the ill-concealed presence of dozens of police in civilian clothing. Openly defiant, Marcos in his remarks dedicates the book to the most outspoken leader of the Liberal opposition, Hermes Rafael Saguier, at that moment in the custody of the regime. The dictatorship reacts furiously, forbidding the publisher to print any further works by Marcos. Weeks later, however, the publisher Alcándara puts out the first edition of *Poemas y canciones*. And by year's end, the novel wins the Paraguayan Book of the Year Prize, awarded by a jury comprised of César Alonso de las Heras, Alcibíades González Delvalle, Jorge Báez Roa, Helio Vera, and Osvaldo González Real.

1989 — Marcos moves to Los Angeles, California, U.S.A., where he has been offered one of the country's most renowned professorships in Latin American literature. A few months later, however, the dictatorship falls, and Marcos unhesitatingly gives up his professorship, his tenure, and his permanent residency in the United States to return to Paraguay.

1990 — His book *«Así como por la honra»: selección de textos sobre la libertad* is published in Asunción, with a presentation by the Spanish government minister Rafael Arias Salgado. The book is a broad compilation and meditation on history and politics. Also in this period, Marcos is elected President of the Center for Democratic Studies, sponsored by the International Institute of the Democratic Party of the United States. A further achievement is his appointment as Executive Director of the Centro de Estudios de la Realidad Paraguaya (CERPA), supported by the

Friedrich Naumann Foundation of the Liberal Party of Germany. Both of these centers are devoted to civic education and dialogue leading to strong democratic institutions.

1991 to the present — Marcos founds the Universidad del Norte in 1991, a private secular university without external support, which he has served as President ever since. In the space of 23 years, the university attains the highest levels of distinction in Paraguayan higher education, with some 20,000 students and 23,000 alumni from its main campus in Asunción and its satellite campuses in the communities of Caacupé, Caaguazú, Caraguatay, Ciudad del Este, Coronel Oviedo, Concepción, Encarnación, Itá, Itauguá, Luque, Pedro Juan Caballero, Villa Hayes, and Villarrica. The university's international symposia; its invited lectures given by, among others, 12 Nobel laureates; its five scientific journals; its university press, Paraguay's largest; its university art museum, the only one in Paraguay; its symphony, classical ballet, and opera; its accomplished teaching staff; its modern laboratories, clinics, libraries, and teaching methodology; its ample social benefits, scholarships, and free medical attention for disadvantaged sectors of the population; and its effective job placement of graduates — all are manifestations of a sustained ethical commitment to improve Paraguay's global profile and elevate the life of the nation.

1993-2008 — Marcos is elected (1993) as a National

Deputy in Paraguay's House of Deputies. In 2003 he wins election to the nation's Senate, where he serves as leader of the Liberal caucus and President of the Senate's Education and Culture Commission until 2008, when he retires from political office. The period 2003-2008 also witnesses his election as President of the Cultural Parliament of the Mercosur (PARCUM), a body with representation from the parliamentary culture commissions of Argentina, Bolivia, Brazil, Chile, Mexico, Paraguay, Peru, Uruguay, and Venezuela. Marcos is the only Paraguayan so far to have served in this position.

2001 to the present — Tracy K. Lewis' English translation of Marcos' novel *El invierno de Gunter* is published in New York in 2001, followed in succeeding years by published translations in Arabic, Basque, Bengali, Catalan, Chinese, Croatian, Estonian, Finnish, French, Galician, German, Greek, Guarani, Hebrew, Hindi, Hungarian, Italian, Japanese, Korean, Latvian, Lithuanian, Marati, Polish, Portuguese, Rumanian, Russian, Serbian, Swedish, Turkish, Ukrainian, and Urdu. Numerous conference presentations, lectures, articles, undergraduate papers, master's theses, doctoral dissertations, and books have been written on the novel, both in Paraguay and abroad. In his country, Marcos' novel has been officially declared a work of national educational interest by the Ministry of Education, and he himself has received diverse honors, among them distinctions awarded by the Senate and the

House of Deputies, and decorations such as the Medal of the Ministry of Defense and the Medal of the Ministry of Culture. Outside of Paraguay he has received honorary doctorates and professorships from universities such as Megatrend (Serbia), the University of Kansas (United States), the Universidade Federal de Rio de Janeiro (Brazil), UCES de Buenos Aires (Argentina), and the Universidad Nacional de Mar del Plata (Argentina). For the last ten years, Marcos has co-directed a weekly opinion show on Asunción's Radio Chaco Boreal, and he has served as advisor for the weekly television program UniNorte TV. He has continued teaching at the Universidad del Norte since 1991 and at the Institute for Higher Strategic Studies of the Ministry of Defense since 1995. In addition, he remains active in the scholarly and creative spheres, giving conference presentations and lectures, publishing articles in specialized journals, and writing works of literature.[20]

To those who find these data excessive, in quantity or in tone, we would answer that in the Paraguayan context described earlier, it has been essential to show Marcos in the full range of his activities in the public sphere. Far from creating simple propaganda for the man and his mission, the idea here is to help the reader understand the gestation and significance of this poetry. Our emphasis on Marcos' academic accomplishments during his exile, for example, has been necessary in order to show all that the poet *gave up* when he returned to Paraguay after the dictatorship. And our insistence on detailing his more recent career has been in order to illuminate the cultural landscape of today's Paraguay, a landscape which is practically unknown to outsiders but where the poems of this collection continue to have extraordinary resonance.

The reader of *Poemas y canciones* will find a multitude of echoes in these data. In particular, he or she will see that the poems have origins in three distinct periods of the poet's life: his years of artistic fervor and activism against the dictatorship (1969-1977), his asylum in the Mexican Embassy (August to December of 1977), and his political exile in Mexico, Spain, and the United States (1977-1989). Within this framework, the reader will also see specific references to Marcos' high-school teaching in Asunción in the seventies, and to his time as a university professor in Oklahoma. Also noteworthy, though they do not figure in the poems' original composition, are the brief returns to Paraguay Marcos was allowed to make in the eighties, since it was during the 1987 visit that he managed to publish the first edition of the collection.

The history of that first edition, like so many things in Paraguay, did not take the conventional path, that of writing individual poems, gathering them as a collection, and finding a publisher, but rather was linked, singularly and inseparably, to the 1987 publication of Marcos' novel *El invierno de Gunter*.[21] Born of the tumultuous years of activism, asylum, and exile, the individual poems had already impacted their circumstances, not only to reflect them but to change them. Rendered musically, published in journals, or simply recited in moments of protest, solidarity, or collective reflection, the individual poems had already taken on a life beyond themselves, a life at one with the evolution of Paraguay and Latin America at that time. They had never, however, appeared all together in print until (with the exception of «Cincuenta veces cincuenta») they were slightly altered for inclusion in *El invierno de Gunter*, mostly as supposed compositions of the heroine Soledad. Published in Asunción, as we have said, by the publisher El Lector, the novel quickly won the enthusiasm of the public, and was named Paraguayan Book of the Year in 1987. And it was then, having seen the thunderous launching of the novel, that Carlos Villagra Marsal, editor of the historic Alcándara series, asked Marcos to gather the poems together (this time including «Cincuenta veces cincuenta») and publish them in their original, unaltered, form as a book of poetry. That was the first edition of *Poemas y canciones*.

Contrary to common belief, therefore, Marcos did not extract the poems from *Poemas y canciones* to include them in *El invierno de Gunter*, but rather, he did the opposite, transferring them from the novel to the poetry collection. Such unorthodoxy is natural in Paraguay, where the only feasible path for people of conscience is often that of the iconoclast, as dictated by the peculiar demands of national life. In 1987, working in the shadow of a regime known for its sadism and lack of scruples, but whose brutal scaffolding was beginning to show weakness, it was absolutely necessary to seize the moment, to open a literary space of high quality for the voices of the democratic opposition. The publication of *El invierno de Gunter*, with its clear stance against the dictatorship, opened such a space. And the Alcándara series, the visionary brainchild of Villagra Marsal and others, widened that space. The publication of *Poemas y canciones* by Alcándara was a coming-together of two currents of the opposition, that of the external exiles like Marcos, with their rich and difficult experience abroad, and that of those who had remained in Paraguay, or who had returned, like Villagra, suffering, tolerating, and hoping. Nor should we underestimate the audacity and bravery of that collaboration. The interrogation rooms and torture chambers were never far away.

Note how the *micro*-history of *Poemas y canciones* and its author reiterates in so many ways the themes discussed earlier from Paraguayan *macro*-history: Marcos lives the nation's harsh «interiority,» lives also the world's «exteriority» through the coerced path of exile, and spills upon the page his resulting *angst* as man and poet. Paraguay within, Paraguay without, and an existential art which touches all of us.

As we can see just by reading the epigraphs and dedications preceding many of the poems, the *exterioridad* Marcos builds into his poetry embraces a rich gamut of international poets and styles. These walls reverberate with explicit echoes of the Peruvian César Vallejo, the Spaniards Federico García Lorca and Luis Cernuda, the Cuban Nicolás Guillén, the Mexican Elva Macías, the Austrian Georg Trakl, the Italians Eugenio Montale, Libero de Libero, and Cesare Pavese, the French poets Arthur Rimbaud and Charles Baudelaire, and the Chilean singer-songwriter Víctor Jara, martyred in the right-wing coup of 1973. On the Paraguayan side, there are resonances of the poets René Dávalos and Hérib Campos Cervera, as well as of Augusto Roa Bastos. To all these voices explicitly present many other implicit ones may be added: the ubiquitous Pablo Neruda; the American free-verse pioneer Walt Whitman; the ancient Guarani prophets of the Land Without Evil; the Paraguayan Natalicio Talavera, bard of the War of the Triple Alliance; the Paraguayan José Asunción Flores, creator of the national musical genre known as *guarania*; and the Argentine José Hernández, author of the epic *gaucho* poem *Martín Fierro*. Indeed, the epic vein in *Poemas y canciones* goes back centuries before Hernández; in the images and cadences of some of the poems there are intimations of medieval epics, and an entire suite of poems is titled «Gestos de gesta» in allusion to the epic medieval *chansons de geste*.

It would be tedious and counterproductive, however, to detail in a brief introduction such as this all the specific mechanisms by which these influences enter the poems. Nor would it be appropriate here to catalogue all the devices Marcos uses for his own poetic effects: the delicate internal rhymes (e.g. in «Hazme un sitio a tu lado»), the enjambements (e.g. «Días de Heráclito» and «Canto de victoria III»), the semantic dissonances (e.g. «Una antigua sangre»), the colloquial registers (e.g. «Julio Iglesias»), the puns and word plays (e.g. «Esposas»), the parallelisms (e.g. «Canto de victoria I, II, III»), the abrupt tone changes (e.g. «Cincuenta veces cincuenta»), and many more. Suffice it to say that the collection is an exuberant carnival of techniques that both moves and challenges the reader, and that therefore makes him or her *step into the poet's clothes and skin*.²² This is the central point, which brings us back to where this introduction began. That is, as we have hinted, the most transcendent value of this collection is not just to «inform» the international public about a country that scarcely appears on the world's radar, nor to «educate» that public about an unjust political circumstance, as admirable as these purposes might be. More than merely «educational» in this sense, poetry is a deep-down shaking that amplifies our being as readers and as humans, that identifies us radically with things we never were, in order to reveal them in fact as things we *are*. Marcos doesn't exhibit his «Paraguayan-ness» so we'll «sympathize» with it, nor so we'll write letters to senators and company presidents, nor so we'll spend money on crafts and tourist jaunts to the Chaco, but rather so we can feel the secret interstices of a humanity held in common. *Poemas y canciones* is poetry that leads us —to repeat a metaphor we used earlier— to grope the substrate between our lives and that land-locked island we didn't know was also ours.

Negotiating the balance between *interioridad* and *exterioridad* produces, as we have said, an existential tension with notable effects in art. That dynamic, however, does not mean the artist meekly assimilates to the external at the expense of the internal. Juan Manuel Marcos does not leave behind his Paraguayan-ness, his *teko* as we say in Guarani, but rather takes it with him on the road to a universality enriched by his testimony. Consider for example what he said when he traveled several years ago to India for the launching of the Hindi translation of *El invierno de Gunter*:

... India and Paraguay share many forms of magic ... It is magical to me that we are both multilingual and multiethnic nations ... India and Paraguay were born to independence out of the impetus ... of Mahatma Gandhi and Fernando de la Mora respectively, two great martyrs of freedom. And it is magical that the name of each of our homelands derives from a long river that runs through various countries: the Indus and the Paraguay ... [T]he Indus bursts from the mouth of the lion, and the River Paraguay leaps like a stream crowned in jaguar's teeth, in the words of the poet Manuel Ortiz Guerrero ... The Europeans came to know the Indus River through the captains of an emperor, Alexander the Great, and navigated the River Paraguay eighteen centuries later with the captains of another emperor, Charles the Fifth. But these children of the lion and the jaguar would never lose their identity and their magic.

... [O]n the cover of a recent Spanish edition of *El invierno de Gunter*, the face of a jaguar is mysteriously visible. This too is a magical face. The jaguar fulfills an essential role in our Guarani culture. The Guarani believe, and we Paraguayans believe, that a great blue jaguar, soaring and born of the sky, will one day destroy the evil world and lead us to the Land Without Evil.

What we witness in this quotation is a scene of great rarity in the modern world, that of a learned man using his enormous erudition to profess sincere adherence to the millennial beliefs of a people who knew nothing of modernity. What Marcos means by «great blue jaguar» that will «lead us to the Land Without Evil,» whether literal or symbolic, is not for us to judge. The important thing is that the meaning is *his*, entirely *his*, born of his Paraguayan «interiority,» but expressed in the most external of circumstances imaginable for a Paraguayan, in India, in the name of our multicolored and multifaceted humanity.

Reading the poems of *Poemas y canciones*, we sit down with the poet as we would with an old friend from the neighborhood. We watch television with him, complain about inflation, bemoan the absence of spouses or lovers. We utter the occasional swear word, and get drunk on liquor or on language. And quite suddenly we realize something extraordinary: the island is us. By the force of a transforming poetics and by the powerful analogies of the spirit, that absence, that exile, that loss and that victory, are ours.

«This is my call to you,» begins a key poem in the last section,

> that you might lean into life's fire
> and in its flames of horror cleanse yourself,
> that you might leap into the river of others
> and in its tepid flowing know yourself,
> that you might drain the cup of happiness in a single gulp
> and float your being in its fullness,
> that you might embrace a stranger
> and take him for a walk with you ... [23]

The *I/you* axis on which the cited passage turns defines in fact the entire trajectory of *Poemas y canciones*, which commencing in the besieged *I* of Paraguay, lifts the flag of that nucleus through concentric circles outward, progressively widening its reach and its identity –*poetry of the Southern Cone, poetry of South America, poetry of Latin America* ... – until it hits upon the broadest circle of all, which is you, reader: poetry of *humanity*. Don't wait reader. Dive into that river of others. Embrace them in the power of the poetic Word, for as the quoted poem concludes:

> Bread, books, air,
> flights of love, hope: these are your rights;
> and so this week I call your name again,
> and wed you to the world![24]

Tracy K. Lewis
Oswego, New York,
U.S.A.

Notes

1. As we have indicated, Marcos has a historical orientation which not everybody shares. That, however, does not mean that his poetry excludes the bearers of other perspectives. Poetry is a much broader universe than history, and readers are encouraged to set aside the historicist lens and experience these poems in all their human fullness.
2. See for example the historical information given at www.buenosaires.gob.ar.
3. See for example www.newadvent.org.cathen/126886.htm.
4. There was also another communal rebellion in Paraguay, that of 1730, under the leadership of Fernando de Mómpox y Zayas. Taken together, the two rebellions are an important foreshadowing of the eventual independence of all the European colonies in the Western Hemisphere.
5. See www.newadvent.org.cathen/126886.htm.
6. There are also lower estimates of Paraguayan mortality in the War of the Triple Alliance. See for example Doratioto's book, pp. 456-61. Whether or not one accepts these lower figures, however, it is undeniable that the war was a demographic disaster for Paraguay.
7. Sources for the information in this chronology, besides those already cited, include the books *Forjadores del Paraguay* and Herring's *A History of Latin America*. The latter work, though outdated and noticeably subjective concerning Paraguay, remains valid as a source of basic data. Another invaluable source for the chronology, especially regarding Francia, Artigas, the two López, the War of the Triple Alliance, and the period from 1880 to 1936, is Juan Manuel Marcos himself, in a personal communication occurring in November, 2014.
8. For data on Paraguay's suspension and subsequent re-integration, see for example http://agenciabrasil.ebc.com.br/en/internacional/noticia/2014-07.
9. What Roa actually says on the first page of his article «Los exilios del escritor en el Paraguay» is that the efforts of foreign countries to dominate Paraguay «turned [it] ... into an 'island surrounded by land' in the heart of the continent» (p. 29, translation mine). Numerous commentators, however, have clung solely to the phrase «island surrounded by land.» Among many possible examples, see the first sentence of Gimlette's book, p. xv.
10. See for example Hausmann's article, pp. 46-47.
11. See for example Doratioto's book, pp. 199, 210-216, and 250.
12. The book by Súsnik and Chase-Sardi presents numerous instances of Jesuit severity, sometimes constituting actual abuse. See pp. 72-83.
13. Of these 2%, some are from non-Guarani ethnic groups. Furthermore, 2% is the minimal commonly-accepted figure. The true number may be higher, owing to the geographic and social difficulties of reliably counting indigenous populations. See Pero Ferreira, p. 4.
14. The remaining 6% speak other indigenous languages, or the languages of immigrant groups. These figures are somewhat out of date, coming as they do from the 1992 census, but we believe they continue to represent the approximate linguistic distribution of Paraguayan society. They are cited on p. 10 of Galeano Olivera's book. For more recent figures, see for example the article in *The Prisma*.
15. See the Súsnik/Chase-Sardi book, especially pp. 275-79 and 288-90, as well as the volume edited by Roa Bastos, *Las culturas condenadas*, especially pp. 21-29.

16   Perhaps the best example of that symbolism is Juan Manuel Marcos' own novel, *El invierno de Gunter*. Note in particular chapter 1 of the first part.

17   This particular sentence leaves aside the question of culpability for the war, especially with respect to Solano López' role. The data presented earlier do paint a favorable portrait of the Paraguayan leader, but it is not our intention to hide the existence of the controversy concerning him. Was he a Napoleonic megalomaniac who provoked the hostilities, or was he simply a justified champion of his homeland? We offer the second option in good conscience, while hoping readers will familiarize themselves with the debate in all of its dimensions. A good example of the anti-López position is Doratioto's book. For the positive view of López, see the numerous writings of O'Leary or, as a more recent source, Marcos' own book *Roa Bastos: precursor del post-Boom*, pp. 23-28.

18   There is no need here to present the particulars of Castro's theory, which analyzes the production of numerous Spanish writers from the medieval and *Siglo de Oro* periods, detailing the existential drama caused by the socio-religious caste system of the time. See for example Castro's books *Cervantes y los casticismos españoles* and *Hacia Cervantes*.

19   See Marcos' article on the poetry of Macías.

20   Parts of this chronology are a paraphrase of information included in the introduction to my critical edition of *El invierno de Gunter*, pp. 30-32. Originally this information has its source in numerous personal conversations with the author, in e-mail messages from him, and in J.A. Galeano's article in *Forjadores del Paraguay*, pp. 407-408. All of these facts, however, have been supplemented by abundant information furnished more recently by Marcos, notably in a personal conversation from November, 2014, when I was visiting Asunción. The picture presented in my critical edition of the novel, therefore, has been greatly enhanced here.

21   As we have said, the novel in recent years has achieved a considerable international presence, with several new editions in Spanish, as well as translations published in more than 30 languages. See, for example, *Gunter's Winter*, my English translation, and my critical edition in Spanish.

22   The idea of the participatory reader is also basic to the novel *El invierno de Gunter*. For a more complete explanation, see my introduction to the critical edition.

23   From «Canto de victoria III,» the next-to-last poem in the collection. I also use this poem, in its novelized form, as an illustrative text in my introduction to the second edition of *El invierno de Gunter*. Readers of that introduction will see an interpretation similar to the one offered here.

24   «Canto de victoria III.»

Works Cited or Mentioned

Amaral, Raúl, et al., *Forjadores del Paraguay: diccionario biográfico*. Buenos Aires: Distribuidora Quevedo de Ediciones, 2000.

(Author not named). *Bienvenido a la Secretaría del Mercosur*. Secretaría del Mercosur. 3 Dec. 2014 http://www.mercosur.int/.

Castro, Américo. *Cervantes y los casticismos españoles*. Madrid: Alfaguara, 1966.

_____. *Hacia Cervantes*. 3rd ed. Madrid: Taurus, 1967.

Doratioto, Francisco. *Maldita guerra: nova história da Guerra do Paraguai*. São Paulo: Companhia das Letras, 2002.

Galeano, José Antonio. «Juan Manuel Marcos.» In *Forjadores del Paraguay: diccionario biográfico*. Eds. Raúl Amaral et al. Buenos Aires: Distribuidora Quevedo de Ediciones, 2000, pp. 407-408.

Galeano Olivera, David A. *Diferencias gramaticales entre el guaraní y el castellano: estudio contrastivo, y su incidencia en la educación*. Asunción: Ateneo de Lengua y Cultura Guaraní, 1999.

Gimlette, John. *At the Tomb of the Inflatable Pig: Travels Through Paraguay*. New York: Vintage, 2005.

(Author not named). «Guaraní: un idioma contra viento y marea.» *The Prisma: the Multicultural Newspaper*. 21 Oct. 2012. 17 Oct. 2014 http://www.theprisma.co.uk/es/2012/10/21/guarani-un-idioma-contra-viento-y-marea/.

Hausmann, Ricardo. «Prisoners of Geography.» *Foreign Policy*, Jan-Feb. 2001, 45-53.

Herring, Hubert. *A History of Latin America*. New York: Knopf, 1967.

Huonder, Anthony. «Reductions of Paraguay.» *The Catholic Encyclopedia*, vol 12, 13 Oct. 2014. 13 Oct 2014 http://www.newadvent.org./cathen/126886.htm.

Lewis, Tracy K. «Educar la mente en la paradoja: voz de las voces de *El invierno de Gunter*.» Introd. to *El invierno de Gunter* by Juan Manuel Marcos. Critical edition. Asunción: Servilibro, 2013, pp. 11-35.

_____. «Palabras preliminares para la nueva edición de *El invierno de Gunter*.» Introd. to *El invierno de Gunter* by Juan Manuel Marcos. 2nd ed. Asunción: Criterio Ediciones, 2009, pp. 9-11.

Marcos, Juan Manuel. *Así como por la honra: selección de textos sobre la libertad*. Archivo del Liberalismo, 1990.

_____. *De García Márquez al post-Boom*. Madrid: Orígenes, 1985.

_____. *El invierno de Gunter*. Asunción: El Lector, 1987.

_____. *El invierno de Gunter*. 2nd ed. Asunción: Criterio Ediciones, 2009.

_____. *El invierno de Gunter*. Ed. Tracy K. Lewis. Critical edition. Asunción: Servilibro, 2013.

_____. E-mail to Tracy K. Lewis, numerous messages, 2010-2014.

_____. *Gunter's Winter*. Transl. Tracy K. Lewis. New York: Peter Lang, 2001

_____. «Palabras en la Academia Sahitya, la Academia Nacional de Letras de la India, con motivo de la presentación de la traducción al hindi de *El invierno de Gunter*, Nueva Delhi, lunes 27 de febrero de 2012» (Address to the Sahitya Academy, New Delhi, at the launching of the Hindi translation of *El invierno de Gunter*, 27 Feb. 2012). Received from the author in a prior e-mail message, 16 Feb. 2012.

_____. Personal conversations with Tracy K. Lewis, 2009-2014.

_____. *Poemas*. Asunción: Criterio, 1970.

_____. *Poemas y canciones*. Asunción: Alcándara, 1987.

_____. «La poesía de Elva Macías como una forma (femenina) de conocimiento.» *Revista Iberoamericana*, 132-133 (July-Dec. 1985), 785-92.

_____. *Roa Bastos: precursor del post-Boom*. Mexico City: Editorial Katún, 1983.

_____ et al. *López* (theatrical performance of texts by various authors). Grupo Experimental de Teatro Anguekói. 1973.

O'Leary, Juan E. *El libro de los heroes: páginas históricas de la Guerra del Paraguay*. Asunción: Librería la Mundial, 1922.

(Author not named). «11 de junio de 1580: segunda fundación de Buenos Aires.» Gobierno de la Ciudad de Buenos Aires. 10 Oct. 2014. www.buenosaires.gob.ar/areas/ciudad/histórico/calendario/destacado.php?ide=44&menu_id=232037.

(Author not named). «Paraguay Back in Mercosur Meetings.» 28 July 2014. 14 Oct. 2014 http://agenciabrasil.ebc.com.br/en/internacional/noticia/2014-07.

Pero Ferreira, Alejandra M. *Country Technical Note on Indigenous Peoples' Issues: Republic of Paraguay*. Nov. 2012. International Fund for Agricultural Development. 17 Oct. 2014 <www.ifad.org/english/indigenous/pub/documents/...paraguay_en.pdf>.

Roa Bastos, Augusto, ed. and compiler. *Las culturas condenadas*. Asunción: Fundación Augusto Roa Bastos, 2011.

_____. «Los exilios del escritor en el Paraguay.» *Nueva Sociedad*, 35 (Mar.-Apr. 1978), 29-35.

Súsnik, Branislava and Miguel Chase-Sardi. *Los indios del Paraguay*. Madrid: Editorial MAPFRE, 1995.

(Author not named). Universidad del Norte. 2013. 17 Oct. 2014. http://www.uninorte.edu.py/index.php/la-universidad/historia.

Nota del traductor

Estos poemas, aunque aquí acostados en su nido de poemario, vuelan desde hace tiempo libremente por el aire paraguayo, en las ráfagas de protesta política de los 1970's y 1980's y en la vivencia hasta hoy de un pueblo sufriente y esperanzado. Producto de la trayectoria íntima de un individuo, Juan Manuel Marcos, son a la vez la canción de su gesta pública en nombre de muchos.

Como se aclaró en la introducción, los poemas (con la excepción de «Cincuenta veces cincuenta») fueron ligeramente modificados para incluirse en la novela de Marcos de 1987 *El invierno de Gunter*, figurando, casi todos, como supuestos versos de la heroína Soledad. Solo fue varias semanas después que fueron restaurados a su forma original y publicados por Alcándara como la primera edición de *Poemas y canciones*.

La presente colección, por supuesto, ofrece el mismo texto en lengua española que en la primera edición, a la vez que lo compagina con una traducción completa en inglés. Como tuve el honor también de traducir al inglés *El invierno de Gunter* (*Gunter's Winter*, Nueva York: Peter Lang, 2001), soy veterano ya de un intenso contacto con estos versos en su forma novelada. Al traducir para la presente edición del poemario, naturalmente he respetado y trabajado a base de la forma original de los poemas, tal y como aparecieron en los 1970's y 1980's y en la edición de 1987 de Alcándara. Los lectores de la novela y del poemario verán que las diferencias entre ambas versiones de los poemas son pocas pero notables. Así es también con mis traducciones al inglés; la versión usada en el presente volumen, idéntica en gran parte a la versión novelada, dista de ella en momentos significativos de la obra. Mi filosofía general de traductor, sin embargo, ha sido consistente por los dos proyectos: buscar la esencia libertaria de cada texto, y rechazar literalidades cuando contradicen esa esencia.

Se invita al lector a emprender aquí la misma búsqueda, y a disfrutar de una voz hondamente personal unida a las profundas transformaciones de su pueblo.

T.K.L.
Oswego, Nueva York,
EE.UU.

Translator's Note

These poems, though settled here in their printed nest, have for many years flown freely in the Paraguayan air, on the updrafts of political protest in the 1970's and 1980's, and down to today in the lives of a long-suffering hopeful people. They are both the intimate offering of an indivudual, Juan Manuel Marcos, and the epic *canción de gesta* of a Latin American man in public struggle on behalf of many.

As was said in the introduction, the poems (with the exception of «Cincuenta veces cincuenta,») were somewhat altered for inclusion in Marcos' 1987 novel *El invierno de Gunter*, posing for the most part as supposed compositions of the heroine Soledad. It was not until several weeks later that they were restored to their original form and published by Alcándara as the first edition of *Poemas y canciones*.

The present collection, of course, provides the same Spanish-language text as the first edition, in tandem with a complete English-language translation. Prior to undertaking this project, I was already intensely familiar with the poems in their novelized form, having also had the honor of translating *El invierno de Gunter* (*Gunter's Winter*, New York: Peter Lang, 2001). In translating for the present collection, I have naturally respected and worked from the poems' original form, just as they appeared in the 1970's and 1980's and in the 1987 Alcándara edition. Readers of both *El invierno de Gunter* and *Poemas y canciones* will see that the differences between these two versions of the poems are few but noteworthy. So it is also with my English translations; the version used in the present volume overlaps considerably with the novelized version while varying from it at significant points in the work. My general philosophy of translation, however, has been consistent throughout both projects: to seek the deep creative essence of each text, and to reject literalism whenever it contradicts that essence.

The reader is invited to join that same search here, and to enjoy these expressions of a deeply personal voice in profound solidarity with the transformations of a people.

T.K.L.
Oswego, New York

Umbral
(breve prefacio a la edición de 1987)

Esta es una selección de algunos poemas y canciones, hecha a pedido de Alcándara, que así me ofrece generosamente la oportunidad de retomar contacto con el lector paraguayo. No es una recopilación completa. Por ejemplo, en el caso de las canciones, el público echará de menos algunas letras ya editadas en disco o cassette. Estamos preparando para más adelante un álbum sonoro con todas las canciones y sus letras.

Este libro tiene seis secciones. La primera incluye canciones que tienen música de Mito Sequera, Carlos Noguera, and Jorge Krauch. La segunda reúne tres poemas épicos. La tercera es un nostálgico homenaje a mi época de profesor en Asunción, en el que también quisiera envolver a mis exalumnos de la Academia de San José.

La sección titulada «Palabras a lo lejos» tiene como tema el exilio y, por supuesto, el regreso. La quinta sección, «Odas», incluye poemas amorosos, y la culpable de ellos es la acuariana a la que está dedicada esta edición.

Por último, en la sección «Cantos de esperanza» me he apropiado escandalosamente no solo del título y los temas de algunas canciones de Carlos, sino, lo que es peor, hasta de lo que no dicen. No obstante, los lugares comunes son míos.

JMM
Asunción, noviembre de 1987

THRESHOLD
(brief foreword to the 1987 edition)

This is a selection of a few poems and songs, made at the request of the people at Alcándara, who in this way are generously giving me a chance to renew contact with the Paraguayan reader. The selection is not a complete reproduction of the pieces included. For example, in the case of the songs, the public will note certain missing lyrics that were part of the original records and cassettes. We are currently preparing for future release a record album that will have all the songs and their complete lyrics.

This book has six sections. The first includes songs that were done with music by Mito Sequera, Carlos Noguera, and Jorge Krauch. The second unites three epic poems. The third, which also alludes to my former students at the Academia de San José, is a nostalgic tribute to my time as a teacher in Asunción.

The section titled «Palabras a lo lejos» has the twin themes of exile and, of course, return. The fifth section, «Odas,» includes love poems, the source of which is the aquarian to whom this edition is dedicated.

Finally, in the section «Cantos de esperanza,» I scandalously appropriate certain of Carlos' songs, not only their title and themes, but what is worse, even some of what they don't say. The clichés, however, are entirely mine.

JMM
Asunción, November 1987

a Greta
to Greta

Songs
CANCIONES

Hazme un sitio a tu lado

Hazme un sitio a tu lado paralelo al recuerdo,
largo como un horizonte encendido de anhelos,
tibio como una caricia de tus manos secretas,
mío como el gorjeo torrencial de tu pelo.

Hazme sitio a tu lado donde acostar mi pena,
refugio del dolor, amparo del combate,
donde olvide a los muertos:
toda mi angosta historia y mis heridas,
la espiral del deseo y toda una cordillera de memorias.

Hazme sitio a tu lado para estar a tu lado
y junto a ti mirar con la misma mirada,
junto a ti desangrarnos desde las mismas venas
y modelar la patria con aires populares:
una misma alegría para los mismos hijos.

Hazme sitio en tu lecho donde cabe mi angustia,
hazme sitio en tu alma donde guardas mis besos.
Yo quiero hacer de ti un pájaro o un canto,
y a veces decirte que te amo.

1970

Make me a place at your side

Make me a place at your side, parallel to memory,
laid out like a horizon hot with longing,
warm like a caress from your secret hands,
mine like the singing torrent of your hair.

Make me a place at your side in which to lay my pain,
a refuge from grief, a haven from combat,
in which to forget the dead:
all my narrow history and my wounds,
this spiral of desire, these heaped-up mountains of remembrance.

Make me a place at your side to be at your side,
and beside you to fuse my gaze with yours,
beside you to watch the confluence of our blood from the same
veins,
to mold our country with the people's songs:
the same joy for the same children.

Make me a place in your bed to contain my anguish,
make me a place in your soul for the safekeeping of my kisses.
I wish to fashion birds and singing from your flesh,
and tell you sometimes that I love you.

1970

Epigrama

Por vos, mi amor, yo daría todo.
La vida. La palabra. Enteramente.
Lo que me pidas y lo que no me pidas. Todo.
Te quiero y eso basta.

Lo demás es poesía.

1972

Epigram

For your sake, my love, I'd give everything.
Life. Words. Everything.
Whatever you ask or don't ask of me, my whole self.
I love you, and that's enough.

The rest is poetry.

1972

Distancia
a Liliana y Marcelo Serrano

Tu pelo eran cascadas de metal color tiempo.
Cuando llega el rocío te invade la nostalgia.
Pareces no ser tú sino tu sombra.
Tu piel es ya un olvido de mágicos retornos.
Murieron las estrellas australes en silencio,
antigua carabela de ceniza.

Miradas, melodías residen en tu alma.
Llorando está el otoño con los ojos al viento.

Déjame recordarte como eras.

1969

Distance
to Liliana and Marcelo Serrano

Your hair was a metal cascade the color of time.
At the falling of dew nostalgia overtakes you,
and you seem not yourself but your shadow.
Your skin is now a lotus-land of magical returnings.
Dead are the southern stars in their silence,
ancient caravel of ash.

Your soul is dwelling-place to melodies and glances.
Autumn turns its eyes into the wind and weeps.

Let me but remember you as you were.

1969

A LA RESIDENTA
a Delia Sara Álvarez

Y ya ves, compañera, la patria está en llamas.
Préstanos tu mirada, y tu cántaro seco,
el arado cansado y el sudor de tu frente.

Residenta de fuego, mujer de manos claras.
Tus hijos se quedaron detrás de la campaña.
En tus ojos hay lunas y detenidas lágrimas.
Quisiéramos que sea tu cuerpo de madera
la matriz fulgurante de una nueva era.

Residenta doliente, residenta callada.
Prosigue tu raquítica y larga y vaga marcha.
No olvides que cantamos para que no te olvides
de llevar de los héroes caídos la bandera.

Acuérdate, amiga, de todos los que fuimos
vencedores sangrantes del que ganó la guerra.
Y escúchanos, hermana, fecunda la semilla,
porque estamos esperando debajo de la tierra.

1973

To the camp-maker
to Delia Sara Álvarez

Now you see, sister, how the homeland burns.
Lend us your vision, your empty urn,
your tired plow and sweating forehead.

Camp-follower, woman of fire and fine hands.
The campaign left your sons in its wake.
There is moonrise in your eyes, and lingering tears.
Let your wooden body be
a shining womb of future ages.

Mourning woman, silent maker of bivouacs.
Endure your long, vague, tottering march,
not forgetting that we sing so you won't fail
to hold aloft the banner of the fallen.

Remember, sister, those of us who bled
in vanquishing the victors in the war.
Hear us, sister, quicken the seed;
we're waiting under earth.

1973

Una antigua sangre
a Carlos Noguera

De tiempo y de metal, de pura sangre,
a golpes de palabra y agonía
se va haciendo la historia de los débiles,
con sílabas de lámpara cautiva
y un corazón de pie y una paloma.

Para siempre quizás y todavía
y falta y hace frío y sin embargo
¡qué canto inmemorial viene de pronto!,
¡qué muerte solitaria en el camino!

El pedazo eucarístico del cielo
del aire descendió en pantalones,
se puso los del hombre y su camisa,
su inmenso amor hizo el amor al viento.

La noche de la patria comunera
se abrió en cristal y en alba sonriente.
Mientras existan jóvenes, la sangre
escribirá su nombre en las paredes.

1974

An ancient blood
to Carlos Noguera

Time, metal, pure rushing of blood,
the blows of words and suffering,
syllables of a captive lamp,
an alert heart, a dove,
of these things is made the history of the weak.

Forever perhaps and yet
and lacking and cold and however,
this timeless chanting out of nowhere,
this solitary dying in the roadway!

A eucharistic scrap of heaven
fell from air to fill the pants
and shirt of a man,
to make immense love to the wind.

Night, communal homeland,
opened into smiling crystal dawn.
As long as there are youth, blood
will scrawl their names on walls.

1974

Poems
POEMAS

Epic Thrusts
Gestos de gesta

López, I
a Carlos Álvarez

Que se oiga la voz de Bolívar diciendo: la patria es América.
Que venga el caimán de Martí navegando los ríos patricios.
Que el indio Juárez venga a lomo de mula andariega.
Que Sucre descienda del monte armado de estrellas y cantos.
Que truenen los cascos rotundos del rojo alazán de Miranda.
Que O'Higgins convoque al relámpago en la frente iracunda del héroe.

Pedazo de pueblo partido, San Martín en la noche de exilio.
Jesuitas modernos gigantes que saludan el sol que perdura.
Y la patria de Lincoln que olvida una antigua caravana de sangre.

La garganta de Artigas eterno, hoy cañón en que el eco retumba:
Patria o Muerte oriental de mi América niña.
En la sierra Sandino, fusiles, y alboradas y música y cruces.
Un jinete se acerca sonoro en el medio de un mundo de polvo.
¡Es Zapata! Hermano del pobre, capitán generoso del pueblo.
Estos son los que vienen ahora a inclinar sus proféticas voces,
sus esdrújulas voces, sus voces de implacable y feroz testimonio.
Y le cubren la espalda a Francisco del pueblo Solano del pueblo
mientras López abrasa la causa de la patria de todos que es tuya y es mía.

Cerro Corá que caminas desnudo por la calle abismal de la historia.
Meridiano caliente y pretérito, alacrán convertido en tormenta.
El primero de marzo cayeron los que fueron a darte su vida.
Y la vida encontraron el día en que la patria murió combatiendo.

López, I
to Carlos Álvarez

Let Bolívar's voice be heard crying: our country is the continent.
Let Martí's caimans ply ancestral rivers,
and Juárez' Indian body sit astride his wandering mule.
Let Sucre armed with stars and song descend from mountain fastnesses.
Let thunder echo from Miranda's sorrel-mounted charge.
Let O'Higgins marshal lightning on the angry brow of heroes.

Oh fragment of fragmented peoples, San Martín in nights of exile.
Modern Jesuitic giants greeting uneclipsable suns.
Lincoln's nation trying to forget its retinue of blood.

Artigas' never-failing cry, his throat echoing today like canyons:
Homeland or Death beloved eastern shore of young America.
Sandino in the mountains: guns, dawn, raids, crosses, and music.
A horseman's ringing gallop drawing nigh through worlds of dust:
Zapata! Pauper's brother, caring captain of the people.
These are they who come to us with tongues of prophecy,
voices of foresight full of fierce unflinching witness.
These are they who stand behind Francisco the people Solano the people
while López gives his living fire to the nationhood of all which is yours and mine.

Cerro Corá, you who walk naked through the unplumbed streets of history.
Hot final meridian, tempest made from scorpion flesh.
The first of March they fell who sought to give you life,
and life is what they found the day their country perished in the fight.

¡Patria Grande! Mañana seremos una América libre y unida.
Lope tiempo que América entera protestó con su débil palabra.
Lope tiempo que vino el comercio a cambiarnos el ritmo y la cara.
Lope tiempo que vino la espada con su filo banquero y podrido.
Lope tiempo que el sol se hizo mierda con la muerte, la muerte y la muerte.

1973

Country of All! Tomorrow we shall be America one and free.
López time when all America brought only spineless protest.
López time when business came to change our rhythm and our faces.
López time when swords were edged with money and the filth of bankers.
López time when sunlight turned to shit and death and death and death.

1973

López, II
a María Hortensia Álvarez

Desde aquí les cantamos. En su nombre la patria.
Su nombre de valientes, gloriosos camaradas.

Desde aquí por la palabra, la música, al abismo.
Tu palabra viuda, clarinada. Kavichu'í, el himno, el centinela.
Somos del mismo grito. Un mismo sol nos vio nacer,
¡aquí!,
junto a la página.
Talavera, poetas combatientes.
Somos de la raíz ardiente de la sangre.
La patria es un poema sin acabar, sin tiempo:
Nunca olvidaremos el verso de tu muerte,
ni la muerte diaria
del poema.

En un puño la mitad de tu mirada.
La roca de tu ejemplo, las barcazas, la noche, el abordaje.
Milicianos de estirpe navegable, ¡adelante!
Las balas en tu espalda,
tu costado sangrante.
Ignacio Genes, heroicos combatientes.
Somos de tu piel cuando la lucha.
Tu mano cerrada cuando apenas.
Somos el cántaro caliente de tus venas,
y vienen hacia ti los despojados.
Tu rostro popular no tiene un ojo, porque mira.
Cíclope nocturno, amigo nuestro:
míranos sin doblez,
como la tierra.

López, II
to María Hortensia Álvarez

From here we sing to them. In their name, our country.
Their name as brave companions in glory.

From here through word, music, and abyss.
Your widowed clarioned word. Kavichu'í, anthem, sentinel.
We are of one crying, one sun that saw us born,
here,
beside this page!
Talavera, poets in struggle.
We are children of blood's burning root.
Our nation is a poem without end nor time:
we can never forget the verses of your death
nor the daily death
of verse.

A clenched fist covering half your gaze.
The rock of your example: barges boarded by night,
militiamen born sons of the water, move on!
Bullets in your back,
blood jetting from your side.
Ignacio Genes, heroes in struggle.
We are of one skin with you in battle.
Your hand invincibly closed in spite of pain.
We are the warm repository of your veins,
and the disinherited gravitate to you.
Your everyman's face lacks one eye, because it sees truly.
Cyclops of the night, friend:
look at us without duplicity,
like the earth.

¡José Eduvigis Díaz, combatiente!
Victoriosos como el pueblo, triple como el destino.
Te fuiste para estar, como un ángel de hierro.
Hoy es Curupayty ¡y estamos juntos!
Contigo, general, en la jornada.
Porque caben en vos las esperanzas,
los últimos esfuerzos,
la llegada del día, la guitarra.
Y estaremos contigo, compañeros de siempre, como ahora,
en un Curupayty mestizo, sangrante y resurrecto.

Triple ventana abierta hacia el naciente.
Y allá, el hombre nuevo,
la alegría,
la justa decisión,
la estatura de la piedra,
el límite del agua
y el verano.

En el nombre de Francisco, de Solano y de López,
¡así sea!

1973

José Eduvigis Díaz, warrior!
Talavera, Genes, Díaz, triumphant as the people, triune as destiny,
you went away, don José, in order to remain behind, like an iron angel.
Today is Curupayty, and we are together!
With you, general, on the march,
for in you are joined hope,
the final push,
the coming of day, the singing of guitars.
We will be with you, companions always as we are now,
in a Curupayty of mingled bloods and resurrection.

Triune window open to the climbing sun
and the newness of man,
to joy
and fair choice,
to the stature of stone
and the limits of water,
to summer.

In the name of Francisco, of Solano, and of López,
let it come to pass!

1973

La historia empieza en Altos
*a José Félix y José María Fernández
Estigarribia*

La historia empieza en Altos,
en lo alto del aire el mariscal envuelto en llamas
sube la tierra verde como una flecha de agua.
No está parado allá bajo sus alas rotas
sino que su modestia impide
que alce la voz ahora, vivo o muerto.
Para ganar la guerra no hace falta el ademán vociferante.
Basta amar a la patria y ser inteligente.
Así que entra en Altos a vivir en lo alto
desde el nivel del pueblo,
a conversar en francés, en guaraní y en hierro.

Se lo vio en la tarde volar como una estrella
en busca del reposo del combate.
Y su vigilia es como una estrella pura.
Nadie tuvo su gesto de espacio indoblegable,
nadie su visión ígnea de águila celeste.
Y nadie unos bolsillos tan vacíos.

La lucha continúa,
la historia empieza en lo alto,
y hoy es siete de septiembre para siempre.

1976

History Begins in Altos
to José Félix and José María Fernández
Estigarribia

This story begins in Altos,
in the high regions of air a field marshal wrapped in flames
ascends the green earth like an arrow of water.
He is not halted there beneath his broken wings
but only reluctant by virtue of humility
to raise his voice, whether in life or in death.
Winning the war needs no vociferous gestures,
just intelligence and love of country.
And so he enters Altos, to live at the lofty
level of the people,
speaking French, speaking Guarani, speaking the language of iron.

Evening saw him fly star-like
in search of rest from combat,
yet also like the purity of a star is his vigilance.
Who else had his grasp of an unbending space,
who else that celestial eagle's fiery vision?
And who those empty pockets?

The struggle goes on,
the story begins in the high places,
and today is the seventh of September, forever.

1976

Schoolgirls
COLEGIALAS

I
a la madre Elisa Domínguez, STJ

Ella tiene sus cuitas.
A los catorce años
el colegio es un largo pasillo, escaleras, cipreses,
cocoteros, chivatos, palmas, pinos, umbrales soleados,
una ternura vieja como una flor dormida,
olvidada en las páginas de un libro amarillento,
cierto secreto triste.

Ella tiene sus cuitas.
Pero el viento de invierno les azota la cara
y arranca bufandas con las manos de un fauno
simulado en el duro azul de la mañana,
con los dedos de un sátiro que burló la celosa mirada de las monjas.

Ella tiene sus cuitas.
La vida es algo serio a los catorce años.
La gente no lo sabe.
Se ha olvidado muy pronto de sus catorce años.
Por eso, ella mira, lejana, en la ventana.
Sus ojos renunciaron a la clase de historia
y Alejandro es ahora esa nube viajera.

Ella tiene sus cuitas.
A los catorce inviernos, el cielo no ha cambiado,
todavía.

1976

I

to Mother Elisa Domínguez, STJ

She has her cares.
When one is fourteen,
school is a long hallway, staircases, cypresses and coconut trees,
flame-of-the-forest trees, palms and pines, thresholds splashed with sun,
aged tenderness like a dormant flower
forgotten between the yellowed pages of some tome,
a changeless melancholy secret.

She has her cares.
But winter's wind lashes their faces
and tears away their scarves, its devious fawn's hands
mirrored in the hard blue light of morning,
its satyr's fingers foiling the nuns' vigilance.

She has her cares.
Life is a serious matter at fourteen.
No one understands.
Her fourteen years have drained so quickly from her mind.
So, transported, she stares out the window
with eyes that renounced history class
and reduced Alexander to a passing cloud.

She has her cares.
At fourteen winters, the sky has not yet
changed.

1976

II
a Mempo Giardinelli

Hace bien en mirarla como si fuese ajena,
como si esa maraña atardeciera, lejos, entre otras piernas largas.
Se había echado a la espalda la melena de trigo,
y admiraba el asombro de esos pechitos altos.
Desnuda en el espejo, también esa muchacha rosada la descubre,
cambian miradas tímidas.
Ella ha puesto llave a la puerta del cuarto.
Pensarán que revisa los cuadernos, los atlas, los libros
del colegio.

La imaginarán sumisa, inclinada en la mesa,
quemándose los párpados en la casta lectura.
No saben que está ahí,
puta como la noche que entra por la ventana.
Y la luna en la luna de aquel espejo cómplice es un farol
de esquina.

Y las estrellas son
multitud de clientes que hacen fila,
esperan su turno en la llovizna
y la gozan, al fin, por un mes de salario.

Así es la vida, es claro.
Pero mañana es lunes.
Y los lunes son feos, a los catorce años.

1976

II
to Mempo Giardinelli

She is wise to regard her as if she were an alien,
as if that matted hair sought its darkness elsewhere, between someone else's long legs.
She had tossed her wheat-colored hair back over her shoulder,
and she marvelled at her high breasts.
Naked and pink-skinned in the mirror, the other girl disrobes her also,
and they exchange a shy glance.
She has locked the door to her room,
letting them imagine her poring over notes, atlases
and textbooks,

submissively stooped over the table,
inflaming her eyelids in chaste pursuit of knowledge.
They don't know she's
whoring like the night that penetrates the window.
And the moon in that collaborating moon-like mirror is nothing more
than a street lamp,

the stars nothing more
than a throng of customers queued up
in the slow rain
to mount her for a month's wages.

That's life, yes indeed.
But tomorrow's Monday.
And Mondays are rotten, when you're fourteen.

1976

III

a mis ex-alumnas del Colegio Teresiano

Ella había pasado toda la noche en vela.
Se dormía sobre los libros abiertos.
Al lavarse los dientes, esta mañana,
sus ojos hinchados y rojos apenaron el espejo.
Se arregló un poco el pelo.
Desayunó sin ganas.
Cuando esperaba el ómnibus, cayéndose de sueño,
intentaba recordar los teoremas.
Pero, nada.

Por eso, a pesar de las horas de vigilia,
su mano sigilosa avanza, resuelta y secreta, en el pupitre.
Sus dedos se alargan,
reconocen a ciegas la forma de los libros,
abren, escrutadores, el cuaderno.
Pero sus ojos huyen, serenos, por la ventana,
como si meditaran hipótesis, paralelogramos.
El profesor la mira, sin sospechar siquiera.
Ella conoce a fondo la técnica.
El cuaderno, a su manera, releva a la memoria,
va escribiendo el examen.
Pero no es tan fácil como parece.
Copiar así es un arte aprendido en el arduo oficio del colegio,
arriesgándote al cero y al ridículo.

Sin embargo, en la noche,
mientras leía y leía,
ella hubiera jurado que a la mañana recordaría los teoremas.

1976

III

to my former students at the Colegio Teresiano

She had been awake almost all night,
falling only into fits of brief sleep over her open books.
When she brushed her teeth this morning,
the mirror seemed to gasp in sympathy at her red puffy eyes.
She fixed her hair a bit
and ate a listless breakfast.
Waiting for the bus in a swoon of sleep,
she tried to recall the theorems.
But in vain,

and so despite those wakeful hours
her hand, soundless, secretive and resolute, steals across the desk,
fingers reaching,
brailling the shape of texts,
invading the essential notebook.
Yet her eyes hover serenely toward the window
as if contemplating hypotheses amd parallelograms,
while the teacher watches unsuspicious.
She knows the technique well.
The notebook, in its fashion, replaces memory
and writes the exam.
But this form of cheating,
this art learned in the harsh apprenticeship of school,
is not without its difficulties,
its risks of zero, or humiliation.

And still, the night before,
steeped in her reading,
she'd have sworn she'd remember those theorems when morning came.

1976

Words from a Distance
Palabras a lo lejos

El exiliado, I

a Carmen y Alejandro González

Amamos lo que es como nosotros,
y podemos entender lo que el
viento escribe en la arena
Hermann Hesse

Nunca vimos ese rostro.
Pero recordamos su costumbre de sonreír, callado.
Nunca tomamos esas manos.
Pero su leve tacto es una vieja amiga.
No conocimos esos labios.
Pero ya nos besaban, desde remotos ríos, la memoria.
No habían escurrido sus pasos negligentes nuestro umbral.
Ni degradado, amable, su atardecer a solas
nuestras personales escaleras.
Ni despejado su intrusa viudez de pantano
nuestros exiguos ritos cotidianos.
Pero ha llegado.

Y aunque no compartimos el pífano portátil de su idioma.
Ni ocupamos el eco nasal de su saludo.
Ni sospechamos la asmática parábola de su recienvenida alarma.
¡Le extendemos los brazos!

Nunca había estado aquí. ¡Pero ha regresado!
Entonces, sin sorpresa, su silueta recorre nuestra casa.
Reconoce rincones jamás imaginados.
A la noche, nos hablará, como siempre, con sus errantes
sílabas.
Conversaremos como niños que el invierno desvela
y adivinan sus huellas infinitas
bajo el silencio confidencial de las estrellas.

1977

The exile, I

to Carmen and Alejandro González

We love that which is like us
and we understand the writing
of the wind upon the sand
     Hermann Hesse

We never saw that face.
But we remember that way he had of smiling without a word.
We never held those hands.
But their trailing touch is an old friend.
We never knew those lips.
But from farthest rivers they had kissed our memory.
His careless steps had never slouched across our threshold.
Nor his lonely twilights tramped amiably
up our private stairs.
Nor his morass of grief encroached
upon our petty routine rituals.
But he has arrived.

Even though we never shared the reedy feather-weighted twanging of his language
nor sat within his greeting's nasal echo.
Nor once suspected the wheezing parable of his newly-sounded siren.
We reach out to him!

He'd never been here. But now he's come back!
His silhouette wanders unsurprised through every cranny of our house.
He recognizes corners we had never dreamed existed.
By night he'll talk to us as always in slurred meandering
syllables.
We'll chatter on like children who stay up late in winter
guessing footprints on infinity
beneath the confidential silence of the stars.

1977

II

a Isabel Allende

De vino, de poesía o de virtud,
como quieras. Pero empedate
CHARLES BAUDELAIRE

Ha olvidado una noche, una mano, un muro.
Ha olvidado una tarde dichosa de su infancia.
Ha olvidado una lámpara, una mesa, un libro.
Ha olvidado el lejano rostro del sur.

Inmerso en unas nuevas costumbres andariegas,
el jilguero, la sed, el caserío
le proponen una delgada amistad en la sangre.
Usurpan el espacio en fuga del recuerdo.
La música, la gente, el trajín, las imágenes,
la irremediable ausencia, los semáforos,
el olor del café, la moneda, el tabaco.
Todo está aquí vestido de distancia.

Sin embargo, cuando madruga y bebe su mate solitario,
le parece que nada ha cambiado.
Reconoce un antiguo fulgor en la mañana.
Siente como si nunca se hubiera despedido.

Cansado de la lenta erosión del exilio,
del silencio infinito de la calle,
ansía como loco el regreso y el grito,
la ebriedad de la vida vivida entre otras vidas.

II

to Isabel Allende

Wine, poetry or virtue,
as you wish. But get zonked
CHARLES BAUDELAIRE

He has forgotten that certain night, that hand, that wall.
He has forgotten a certain happy childhood afternoon.
He has forgotten a lamp, a table, a book,
the far-off face of south.

Immersed in new wanderlust,
he finds within his blood a slender friendship
with thirst, linnets, and hamlets.
These usurp the spaces left behind by memory.
Music, people, bustle, images,
disconsolate absence, traffic lights,
tobacco, coins, the smell of coffee.
Everything is here, clothed in distance.

And yet, when he rises and sips his solitary yerba mate
it seems that nothing's changed.
He recognizes morning's ancient shining.
He feels as if he's never said goodbye.

Tired of the slow erosion suffered during exile
and the endless muteness of the streets,
he yearns, furious for the cries of homecoming,
the giddiness of life lived among the living.

Entonces, se atarea con calmosa nostalgia.
Prepara, minucioso, su valija callada.
¡Lo tiene todo listo para salir de viaje!

Mientras guarda sus cosas,
hay una extraña sonrisa en su mirada.

1977

So he busies himself in tranquil longing,
preparing every detail of his silent suitcase.
Everything's ready for the trip!

And as he packs his things
an odd smile spreads across his face.

1977

III

a la memoria de Nils Olof Gustafson

Volver vale la pena,
aunque hayamos cambiado
CESARE PAVESE

Será lindo volver después de tantos años.
Abrazar a los nuestros con impaciente júbilo.
Encontrar todo tan cambiado.

Y descubrir, de pronto, que no nos hemos ido.

1977

III

in memory of Nils Olof Gustafson

Going back is worth the suffering,
even when we've changed
Cesare Pavese

How lovely to return after so much time has passed.
To embrace our people with impatient jubilation.
To find it all so different.

And discover suddenly we never left at all.

1977

Atardecer
a Amanda y José Marcos

En la plaza atardece.
El invierno ha cruzado por sus ojos
y otra vez capturado el alarido de los pinos secos.
Fugaz, un transeúnte.
Alguno ha comprendido, melancólico, aquella gabardina,
el cigarrillo desolado y frío,
esa mirada, lejos, sobre el mar,
desde el aire castellano.
Mas nadie se detiene.
No siempre nieva en Madrid, y eso es todo.

El hombre no recuerda
cuál fue el último abrazo entre los suyos,
ni el color del avión,
ni los rostros exactos de esa urgencia.
Sabe que están allá
con las manos abiertas y esperando,
y la misma mirada de aquel día.

La colilla, olvidada en la arena ceniza.
Esos zapatos que ya anduvieron tanto
lo llevarían con largo paso a casa.
Pero se queda ahí, tititando en la plaza.
No ha elegido ni ese invierno ni nada:
ni la casa, ni esa ciudad, ni el viento.
Después de todo — piensa —

Evening

to Amanda and José Marcos

It's evening now on the square.
Winter once again has flown across his eyes
and captured the wailing of dry pines.
A fleeting passer-by.
Someone who understands with melancholy insight that trenchcoat,
that cold, desolate cigarette,
that distant watching of oceans
from the high air of Castile.
But nobody stops.
It doesn't always snow in Madrid, and that's all there is to it.

The man can't recall
the last embrace of his loved ones,
the color of the plane,
nor even the exact faces of those moments;
all he knows is that they're over there,
open-armed and waiting
with the same look they had that day long ago.

His cigarette butt lies forgotten in the ash-colored sand.
And now after so much walking those shoes of his
would head slowly house-ward.
And yet, there he stays, shivering in the square.
None of this was his choice:
the winter, the city, the wind.
When all is said and done, he thinks,

no hay distancia más grande ni más triste
que la que no podemos medir
cuando atardece.

1979

no distance is greater nor sadder
than the one we cannot measure
at the coming of evening.

1979

Días de Heráclito
a la memoria de Julio Octavio Alvarado

Y la vida que viene de pronto como un cometa pálido
en esas horas de ronco silencio diminuto,
esas cosas que pasan pero allá, porque si no, no vale,
temblando como un secreto entre los ojos vagos
y la ceniza vaga y la memoria.
A mí me gusta el agua cuando mana del día,
del mediodía entero como página en blanco,
no quiero esos oscuros misterios taciturnos
que en la noche se encienden como pétalos rojos,
esos carbones mínimos del alma a la intemperie
y el aullido en las sienes como un furgón remoto.
En esas viejas cosas, esquinas de otro mundo,
del mundo como mástil sonoro y como incendio,
en esos días de Heráclito me prolongo y me salgo
a caminar conmigo y la nostalgia a cuestas.
Otros dirán que entonces empezaba el otoño
pero sé que vengo desde antes
y que después de todo, mañana es otro día.

Alguien me dicta esos textos encinta,
los textos que me escriben los fines de semana,
mientras mis ojos beben la copa de los pinos
del Chatham College del fondo,
y el paisaje o paisajo con ajo y sin país
pero con todo el río de la gente, que es tiempo.

1981

Days of Heraclitus
in memory of Julio Octavio Alvarado

That life springing like a pale comet
in hours of hoarse, petty silence,
those things that happen, but only over there,
because if they didn't it would be no good, trembling like a secret
between blurred eyes and blurred ashes and memory.
I love the waters which well up from daylight,
from the untarnished page of the fullness of midday,
and I spurn those dark voiceless mysteries
which burn by night like red petals,
fine soot sifted from my wind-whipped soul,
howling of my temples like a distant freight train.
In those ancient things I linger, those street corners of another world,
of the world as sounding mast and fire,
in those days of Heraclitus, I pause
for a stroll with myself and my nostalgia.
Others might call that the beginning of autumn,
but I know it's already arrived,
and besides, tomorrow's another day.

Someone dictates those pregnant texts to me,
the ones they write me on weekends,
as my eyes drink in the tops of the Chatham College pines
in the background, and the countryside («paisaje,» I think
in Spanish, or maybe «país ajo,» «country-garlic»), loads of garlic, actually,
but no country at all, just a river of people, which is time.

1981

Lo único gratuito que nos queda
a Luis Villar

La inflación,
ese vaso lleno de números, que te ulcera los sábados
y el hígado te araña de mal vino,
no puede ser que rompa tus recuerdos
ni tus ganas de estar con ella un rato,
vos sabés que eso no se arregla
con una votación morada o rosa,
ni una revolución que ya gatea
ni una dictadura que se raya.
Vos sabés que toda la poesía no sirve para nada,
y continúa.

No importa que estas cosas no se digan,
lo que importa es el viento.
Acá la poesía no se vende
y allá se autocensura.
Lo que importa es el viento.

De tarde en tarde, pucha, escupo sangre.
Cuando empieza la noche nadie escucha,
todos duermen en casa,
la ventana asfixiada de cortinas grasosas
se va a acostar temprano.
Mañana es otro día de trabajo.
La tarjeta de crédito lo acecha,
sus fauces sonrientes nos seducen con sus colmillos

The only thing left that's free
to Luis Villar

Inflation,
that cup that runneth over with numbers and ulcerates your Saturday
the way bad wine corrodes your liver,
can't break your memories
nor take away your will to be a while with her,
you know very well such things can't be had
from voting pink or purple,
nor from faltering revolts
nor stricken tyrannies,
you know very well that poetry means nothing
and yet goes on, and what's more

no one cares whether these things get said or not,
all that matters is the wind.
Up here poets can't sell their work
and down there they censor themselves anyway
and all that matters is the wind.

Shit, sometimes in the evening I spit blood,
as night deepens no one's listening,
everyone's asleep in the house,
the windows have settled early
into their straitjacket of grimy curtains,
tomorrow's another work day
stalked by credit cards,
their smiling throat beckons us between photogenic

fotogénicos al 19%
pero de pronto alguien escribe este poema
y todo, quién diría, todo, todo,
vase a la mierda
excepto el poeta y su lector,
con la ventana abierta,
el culo al aire,
sin crédito ni más tarjeta postal
que el cielo,
rojo como una sandía compartida.

¿Por qué sobrevive la poesía?

Quizá porque es lo único gratuito que nos queda.

1983

fangs at 19%
but out of the blue someone writes this poem
and everything, wouldn't you know, everything, everything
dances off to hell
except poet and reader,
window wide open now,
bare-assed,
no credit or postcard
except the sky,
red as a sliced-up watermelon.

So why does poetry survive?

Maybe because it's the only thing left that's free.

1983

Julio Iglesias
to Lisa and Hamilton Beck:
from the Moor to the General

Siempre pensé que Julio Iglesias
no era uno de mis cantantes favoritos.
Siempre — tan comercial, tan estudiado, tan de familia franquista.
Hoy es Halloween, esa fiesta de brujas tan tejana.
Mi esposa disfrazada con una sábana,
como si fuera Indira (que murió hoy),
acompañó a mis hijos, disfrazados de Drácula y Strawberry Shortcake,
a recoger caramelos ... trick or treat!
Solo en la casa,
interrumpido por el timbre de otros niños disfrazados
que me dicen trick or treat,
me siento a ver televisión,
con un vaso de Black Bull, el único escocés *100% proof*,
que me enseñó a beber en Rochester, Nebraska, mi
amigo de Oklahoma, Hamilton Beck,
experto en Diderot.
En la tele Iglesias canta en italiano
la guarania paraguaya Recuerdos de Ypacaraí,
en un estadio impresionante y nocturno de Jerusalén,
con las letras superpuestas de un canal de Dallas
(por si el televidente está grabando ilegalmente
el histórico recital
en su VCR comprado con MasterCard).
Iglesias les dice la palabra guaraní kuñataí
a las chicas de Jerusalén.

Julio Iglesias

to Lisa and Hamilton Beck:
from the Moor to the General

I always thought that Julio Iglesias
wasn't one of my favorite singers. So unfailingly commercial,
so studied, so reminiscent of the pro-Franco family he came from.
Today's Halloween, that witches' feast so typical of Texas.
Disguised in a sheet
like Indira (who died just today), my wife
accompanied my kids, dressed as Dracula and Strawberry Shortcake,
on their quest for candy ... Trick or treat!
Left alone at home,
interrupted only by the bell-ringing of other costumed children
calling out trick or treat,
I sit and watch television,
my hand clutching a glass of Black Bull, the only 100% proof Scotch,
which my Oklahoma friend and expert in Diderot, Hamilton Beck,
once taught me to savor
in Rochester, Nebraska, of all places.
The tube shows a night-time concert in an impressive Jerusalem stadium,
with Iglesias singing an Italian version
of the Paraguayan guarania tune Memories of Ypakaraí.
The call-letters of a Dallas station show continually on the screen
(in case the viewer tries to record
the historic recital illegally
on the VCR he's purchased with his Mastercard).
Iglesias calls out «kuñataí»
to the girls of Jerusalem,

Y esos rostros sonríen
al contacto con la palabra guaraní.
Rostros rubios y morenos,
de ojos negros y azules,
judíos de Israel, de Venezuela,
de España, de Estados Unidos, de Paraguay.
Y esos rostros unánimes sonríen.
Y una niña que sube al escenario,
habla solo sefardí,
y se le entiende.

Siempre pensé que Julio Iglesias
no era uno de mis cantantes preferidos.
Ya no.

1984

and their faces smile upon contact
with this Guarani word.
Light and dark complexions,
black eyes and blue eyes,
Jews from Israel, from Venezuela,
from Spain and the United States, from Paraguay,
their unanimous faces smiling.
And a young girl mounting the stage,
speaking only Sephardic Spanish,
is understood.

I always thought that Julio Iglesias
wasn't one of my favorite singers.
But no longer.

1984

Odes
ODAS

Esposas

Me pusieron esposas.
Pensaron que así me humillarían.
¿Qué esposas?
Festejo tus hoyuelos.
No tengo otra alegría.

Esas son mis esposas.

1977

Married

They forced my hand to wed a pair of handcuffs,
thinking to degrade me.
What handcuffs?
I celebrate your dimples.
I have no other joy.

To that alone my hand belongs.

1977

Poemas de la Embajada, I

Así son estos días en que las horas gimen,
los espacios viajan como recuerdos pálidos,
las nubes tienen lágrimas oscuras
y la radio, un solitario y triste ruido amargo.

Ya casi no me quedan memoria ni esperanzas.
Estoy anclado en mí, lejos de todo.
No me queda ni voz para hablarle a mi sombra,
y las palabras, ásperas, difíciles, se parecen a ti.
Siempre te nombran.

¿Cómo es posible, amor, que nos separen?
Así, de esta manera violenta, larga, mala.
A nadie hacemos daño besándonos un poco,
quedándonos (o yéndonos) con las manos unidas,
compartiendo silencio y esperanzas.

¿Cómo es posible, amor, que todas las mañanas
sean ahora la misma soledad y el mismo sueño?
¿Cómo es posible, amor, que no haya ventanas
más que esta ventana en la que el aire calla
y el paisaje parece de piedra gris, intacto?

¿Cómo es posible, amor, que no haya veredas,
plazas, mediodías, milagros, conversaciones simples?
¿Cómo es posible, amor, que la vida sea esto?
¿Cómo es posible, amor, que así los días pasen,

Poems from the Embassy, I

That's how it is these days when the hours pass by wailing,
when empty spaces move like pale remembrance,
when clouds shed tears of darkness
and the radio is a lone bitter melancholy noise.

I'm almost drained of memory and hope.
Anchored only to myself, removed from everything,
I lack voice even to address my shadow.
Words, bitter and hard to my tongue, assume no other shape than you,
make no other sound than your name.

How, love, can they keep us apart,
except by this evil, long and violent means?
Whom do we harm with our brief kisses,
our holding of hands as we come and go,
our sharing of hopes and silence?

How is it, love, that just one dream and just one solitude
inhabit all my mornings?
How is it, love, that I have only this one window
in which air makes no sound
and countryside is an unbroken gray stone?

How is it that paths,
plazas, noontime, miracles and simple talk have vanished?
How is it that life has come
to this motionless passing of days,

sin moverse, y no podamos salir aún hacia nosotros?
¡Hacia la enamorada libertad pequeñita
que (no sé cómo) todavía palpita
en este encierro de nadie, sin música ni manos!

Así son estos días en que las horas gimen.

Te imagino en silencio. Esperando.
Te imagino angustiada, también, en esta espera
de insomnio y pesadilla.
Con las manos vacías.
Nada más que conmigo en el recuerdo.
Nada menos que juntos, aún, sobre las lágrimas.

¿Cómo es posible, amor, que hoy sea domingo
y no podamos correr juntos al aire?
¿Cómo es posible, amor, que a pesar de esta ausencia
los lunes amanezcan con las puertas cerradas?

Así son estos días en que las horas gimen.
Ya no tengo palabras.
Solamente unas sílabas de dolor y silencio.
Solamente estos días de goznes herrumbrados.
Solamente esta triste soledad infinita.
Solamente estas horas en que los días gimen.

Si no tuviera este amor lo inventaría.
Nadie puede vivir sin este fuego.
Nadie puede engañarse, como un ciego de nacimiento
que imagina el esplendor del alba.

how is it that we are cut off even from ourselves,
even from that small loving pulse of freedom
which still (I don't know how) enlivens
this cell devoid of bodies, music, and hands?

That's how it is these days when the hours wail by.

I imagine you in silence. Waiting.
I picture you waiting too, full of anguish,
restlessness and frightful dreams,
your hands empty,
your memory holding nothing more and nothing less than an image of me
and of us together still, beyond all weeping.

How is it, love, that today is Sunday
and we're not outside somewhere running hand-in-hand?
How is it that despite this absence
Monday dawns on locked doors?

That's how it is these days when the hours pass by wailing.
I have no words left,
only these syllables of pain and silence,
these days of rusting hinges,
this sad unending solitude,
these hours filled with wailing days.

If I didn't have this love I'd have to invent it.
Who can live without this fire,
who can deceive himself like someone blind from birth
who imagines the glory of dawn?

Este amor me ha dado fuerzas contra todas las cosas,
en medio de la angustia, clavado entre columnas,
desterrado del mundo, perseguido,
difamado, herido de amenazas,
solo como un misterio sin voces ni noticias,
escondido del buitre que sospecha del día.

Nadie puede vivir sin estas llamas,
sin esta combustión invulnerable,
sin esta fiebre solidaria que abomina la muerte,
sin esta primavera que nos abre los ojos,
sin esta leal fragancia que nos abre los poros,
sin esta luz sonora que nos abre los labios,
sin este amor abriéndonos las puertas de la vida.

A ti te inventaría.
Soñándote vestida de luceros y alondras,
coronada de pétalos y besos,
generosa como el agua,
dulce como la noche,
joven como el día,
amante como el vino.

Para amarte, amor mío,
inventaría el mundo.
No imagino el tiempo ni el espacio
sin que vinieras tú a llenarlos de música.
Enciéndeme en tus brazos.

This love has strengthened me for every trial,
in the midst of anguish, nailed to pillars,
banished from the world, pursued,
defamed, cut by threats,
alone like a mystery robbed of news and sound,
concealed from buzzards who mistrust the light of day.

Who can live without these flames,
this invulnerable burning,
this need to embrace that despises death
the way our widening eyes in spring spurn the cold of winter,
this faithful scent that opens our pores
and singing light that opens our lips,
this love that opens doors to life itself?

I would have to invent you.
I would have to dream you robed in morning stars and meadowlarks,
crowned in petals and kisses,
generous as water,
sweet like the night,
youthful as day,
loving as wine is loving.

To love you, my love,
I would invent the world.
I imagine no time nor space
your coming wouldn't fill with music.
Let me burn in your arms.

De tu amor me alimento,
en tu amor silencioso conocí la ternura,
por tu amor me ilumino más libre aún que el aire.
Tus brazos, atados a mí como un recuerdo,
son esta lámpara que ahuyenta las tinieblas
y esta clave de música que sobrevive en mis ojos.

En esta soledad interminable y húmeda
leo por fin mis pasos, mi escritura, mis sueños.
Te descubro a mi lado, otra vez y siempre, mía.
Te descubro sonriente, llegándome hasta el alma.
Descubro entonces todo:
la esperanza, la vida, las manos extendidas, el otoño sin márgenes,
el río immemorial de los amigos,
la libertad sincera, irrenunciable,
de tus besos, tus actos, tus silencios.

1977

I feed upon your love,
your silent love that taught me tenderness,
your love that lights my way to liberty like the moving of air.
Bound to me like a memory your arms
are a lamp that puts the dark to flight,
a tune that endures in my eyes.

Wrapped in damp endless solitude
I read at last my steps, my dreams, my written words,
and there is where I find you, still beside me, again and always mine,
smiling, penetrating to my soul.
I find you, and through you, everything else:
hope, life, outstretched hands, autumn without walls,
millennial rivers of friendship,
the honest unrenounceable freedom
of your kiss, your actions, your silence.

1977

II

Como tú sabes, amor, en esta soledad me acompaña la radio.
Pero a las doce y media, comienza la cadena.
Todas las emisoras transmiten el boletín oficial.
Aunque muevas el dial, nada se mueve.
Es una voz monocorde, petrificada, única, excesiva.

Tiro la radio.
Estiro la cadena.

Y comienza el futuro.

1977

II

As you know, love, the radio's my companion in this loneliness.
But at twelve-thirty the network programming begins.
Every station in the net puts out the official newscast.
You move the dial, but nothing moves,
nothing comes at you but a single, monotonous, petrified, superfluous voice.

I throw the radio to the floor.
I slash at the net.

And the future begins.

1977

III

Desde una primavera traicionada,
una tierra de sangre del color de la tierra,
unas ojeras solas,
un viaje a Casablanca y Viridiana,
una escalera de incendios al durazno de tu cutis,
un agrio conocimiento de sótanos y esquinas,
un emblema en la voz,
una guitarra muda y exiliada,
el silencio en la tarde,
un niño con gafas en un barco con hélices,
un anciano callado,
dos guerras imposibles,
las maneras del viento espeso y cancerbero,
la exactitud del agua y la esperanza,
una clepsidra rota,
los míos y los míos y los míos:
te quiero.

1977

III

From springtime betrayed,
from earth bloodied with blood the color of earth,
from eyes ringed with solitude,
from journeys to Casablanca and Viridiana
and burning stairways ascending to the peach-glow of your skin,
from bitter knowledge of cellars and street corners,
from a voice hung with emblems,
from a banished mute guitar
and afternoons without sound,
from bespectacled boyhood aboard a paddlewheeled boat,
from an unspeaking old man,
from two impossible wars,
from the ways of heavy snarling-watchdog winds,
the precision of water and hope,
the pieces of a broken hour-glass,
from mine and mine and mine:
I love you.

1977

IV

a Nils Bernardo Gustafson

Me iré de ti, patria mía, tal vez por mucho tiempo.
Te debo una explicación: no me voy,
me arrancan de tus huevos.

Pero me llevaré tus pájaros,
tus árboles,
tus días,
tu parábola exacta,
todas tus esperanzas compartidas.

Me iré con tus penurias y tus labios.
En alta voz, mi patria, te nombraré de nuevo.

Me echaré en los hombros tus láminas bermejas
para que me reconozcan
y te reconozcan en mí.

Me iré, pero contigo.

Manera de quedarse.

1977

IV
to Nils Bernardo Gustafson

I must leave you now, dear country, perhaps for a long time.
Let me explain: I'm not leaving;
they're ripping me like an embryo from your womb.

But with me I take your forests,
your birds,
your days and nights,
your exact parabola,
the whole of your collective hopes,
your penury, your lips.

Again, beloved country, I'll speak your name aloud.

I'll shoulder your rust-hued image,
that people might recognize me
and in me, you.

I must leave you now, but bearing you with me

is a way of remaining behind.

1977

V

Escucho en la radio una guarania.

¡Me admira cómo ese hombre
de nombre perfumado
perpetuó así un paisito portátil,
que se puede doblar dulcemente
como un pañuelo lleno de recuerdos,
meterlo en el corazón
y salir de viaje!

1977

V

I hear a guarania on the radio,

and I'm amazed how that man
with the fragrant name
was able to perpetuate a small portable country,
softly collapsible
like a kerchief filled with memories,
to be stored in one's heart
during travel!

1977

VI

Entre ruinas de martes y feriados,
en cruz sobre estas horas dolientemente iguales,
lejos de ti, mi amor de grandes ojos húmedos,
no podrá derrotarme la tristeza.

1977

VI

Among the wrecks of Tuesdays and holidays,
on a cross of hours crushingly the same,
far from you, large-eyed tearful lover,
sadness fails to vanquish me.

1977

VII

*La espera es larga,
y mi sueño en ti no ha terminado*
Eugenio Montale

Inútilmente tardan esta ausencia,
porque tú me acompañas.
Mi soledad está llena de ti,
porque tú me recuerdas.
Mi silencio amanece sin grilletes,
porque tú lo enamoras.

Espérame en la esquina final de la mañana.
No podrán desterrarme de la vida.

1977

VII

The wait is long;
my dream of you has not ended
EUGENIO MONTALE

How vainly they perpetuate your absence,
because you are with me.
My solitude is full of you,
because you remember me.
My silence dawns unshackled,
because you fill it with your loving.

Wait for me at morning's final crossroads;
no banishment can exile me from life.

1977

VIII

Te llevaré conmigo
porque eres mi alma, mis pasos y mi brújula,
mi manera de ser,
mi conciencia de estar aún en el mundo,
amor de ojos lejanos.

Recorreremos juntos la vida como un mapa
de estrellas y hombres nuevos,
una cartografía secreta y áurea,
la astronomía final de la ternura.

Solamente en tus ojos amanece.
Solamente tus manos acarician.
Solamente tus labios me besan y me nombran.
¡Te llevaré conmigo!

Sin ti no puedo irme ni quedarme.

1977

VIII

I'll take you with me,
love with distant eyes,
because you're my soul, my footsteps, my compass,
my being,
my consciousness of still existing in this world.

Together we'll tour life
like an atlas of stars and peoples,
golden draftsmanship of secrets,
last astronomy of tenderness.

Your eyes alone contain the dawn,
your hands alone caress,
your lips alone pronounce my name and kiss me.
I'll take you with me!

Without you I can't leave or stay behind.

1977

IX

Por ahora es la víspera. Dejemos que fluyan hasta nosotros todos los influjos de vigor y de verdadera ternura. Y al amanecer, armados de una ardiente paciencia, entraremos en las espléndidas ciudades
Arthur Rimbaud

Tendrás que tolerar una larga melancolía.
Una soledad sombría. Una fiebre sitiada.
Tendrás que acostumbrarte al húmedo silencio.
A la ventana inmóvil. A la cama vacante.

Tendrás que dejar ir la calle diligente.
Los ruidosos taxímetros. Los peatones furtivos.
Tendrás que resignarte a esta impaciencia.
Clavado y herrumbrado como un clavo olvidado.

No será para siempre. Tal vez solo una vida.
Una vida, la tuya, que en realidad no es vida.
En tu gruta sin ecos no amaneces. Respiras.
Tu tinta abandonada ya no escribe. Oscurece.
Tus ojos sin mirada no descubren. Recuerdan.
En tus manos perdidas no hay caricias. Ni manos.

No será para siempre. Aún no es mañana.
Todavía es posible que un viento, un sol, unos labios te indulten.

IX

*Now is the eve before the dawn. Let us allow
every current of strength and true gentleness
to wash over us. And when the dawn
comes, armed with burning
patience we shall stride through the gates
of every splendid city*
ARTHUR RIMBAUD

You'll have to live through a long melancholy.
A somber solitude. A siege of fever.
You'll have to get used to humid silence.
To the still window. To the vacant bed.

You'll have to let the thronging streets pursue their course.
The noisy taxis and skulking pedestrians.
You'll have to accept this impatience.
Rusted, stuck in place like a forgotten nail.

But not forever. Maybe just a life-span.
A single life, yours, which actually isn't living anyway.
There beyond the reach of morning in your mute unechoing cave. You breathe.
Your ink, deserted, no longer manages to write. Darkness falls.
Your eyes, opaque, discover nothing. Only memories.
Your lost hands caress nothing. Not even other hands.

But not forever. Morning hasn't come yet. Maybe a wind,
a sun, a pair of lips will set you free. That you might win back

Recuperes tu nombre, tu amiga, tus poemas, tu sangre, tus trajines. Ven conmigo. Sin el amor no puedes sobrevivir esta ausencia.

Juntos abriremos de par en par el día.

1977

your name, your lover, your poetry, your blood, your coming and your going.
Come with me. Without love you can't endure this absence.

Together we'll open wide the doors of day.

1977

X

Mi anochecer en ti se desmemoria.
Y ya no sé quién es el que se va
ni quién se queda
EUGENIO MONTALE

Esta casa algún día tendrá que abrir sus puertas.
Un ancho viento humano la amará sin cerrojos.
Manos de muchedumbre esparcirán sus llaves.
De pronto esta ventana se inundará de auroras.
Entonces por el libre umbral de la esperanza
se entrará y se saldrá — como atrio de domingo.
Los que salgan, saldremos con los labios floridos.
Los que entren, volveremos con las manos abiertas.

Ya ves. En esta larga vigilia me acompañas.
Puedo entrarme y salirme solamente contigo.
Mi casa es esta casa del hombre donde yacen
la mirada de un niño que anuncia la mañana,
el secreto cautivo de un silencio remoto
y toda la llovizna y la piel de la nostalgia.

Mi casa, más que este diámetro ofendido,
es esta inmensa noche de horarios oxidados.

Pero la libertad somos nosotros,
y cuando tú la ocupas, amanece.

1977

X

Nightfall in my soul forgets itself in you,
so I no longer know who goes
and who remains
Eugenio Montale

This house someday must open wide its doors.
The broad winds of man will make love to it unrestrained by locks.
The hands of multitudes will cast aside its keys.
Sudden tides of dawn will wash against this window.
People then will come and go through hope's
liberated threshold, as through a portico on Sunday morning,
our lips flowerladen as we leave,
our hands open on return.

You know these things, for you stand with me through this endless vigil.
Only with you can I come and go.
My house is the house of man where lie
the gaze of children prophesying morning,
a secret captive of remote and buried silences,
and all the mist upon the skin of longing memory.

My house, more than just this violated radius,
is one vast nightscape of rusting timetables.

But freedom is us,
and day breaks in my house when you are there.

1977

Songs of Hope
Cantos de esperanza

Cincuenta veces cincuenta
a Edgar Valdés

De la hermética quietud boscosa y el puntual rumor de los torrentes,
del eco antiguo de las gestas,
la diáfana sonrisa mestiza de unos ojos
— palmera de cristal, la vida —
una crepuscular melancolía en cocoteros de eternidad y silencio,
la vaga cicatriz de la nostalgia,
la dulce monotonía de las tardes de otoño vegetal,
la morena altivez popular de los quebrachos
y las tranquilas extensiones verdes,
de la palabra bilingüe y cadenciosa y terrestre,
de pálidas hogueras bajo la lluvia mansa
y el mítico silbido de oro y matorral en la siesta inocente,
como un relámpago rojo,
como un pájaro,
como violento cántaro,
una luminosa explosión de profecías,
¡la Guarania!
forjada para siempre de manantial y roca
y una enamorada primavera de claveles
en sus labios de aroma y agua clara ...
¡desde entonces fue haciéndose esperanza y campana,
desde entonces la patria tuvo color y milagro,
tuvo hijos que cantan
y caminos
sin más sombra que el viento!
La Guarania,

Fifty times fifty
to Edgar Valdés

From sealed-off forest quiet and the punctual sounding of torrents,
from ancient epic echoings,
translucent smiling of mestizo eyes
— crystal palm tree, life itself —
evening sadness of eternity and silence among coconuts and fronds,
vague scar of nostalgia,
sweet leafy monotony of afternoons in autumn,
brown proletarian rising of quebrachos
and placid wide embrace of green,
from bilingual word and pulse and land,
from pale fires in meek rain
and mythic whistling of gold and thicket in the blameless nap-time noon,
like red lightning,
like a bird,
like violent gushing of tipped urns,
eruption of light and prophecy,
Guarania!, song-soul of our nation,
made forever out of rock and wellspring
and lips of scent and clear water
in the smitten love-struck carnation-heavy springtime ...
of this gestation our song was made hope and bell
and the nation had color and miracle
and sons who sing
and roads
shadowed only by the wind!
Guarania!, *our* song,

pura esencia natural de la mañana,
saludó al universo con sílabas filiales
 — melodías de espacios infinitos — ,
salió como una flecha de luz sobre los árboles,
dialogó sin misterios en un idioma único,
fue de todos, por fin, como una madre entera,
y entonces
empezaron los lobos a aullar para apagarla,
gastaron ojos ciegos de espeso líquido,
de fétida negrura
y de infamia caliente.
Navegan todavía esas miradas oscuras
las cloacas inútiles del rencor y del vómito.
¡Alerta, vigilantes del día y su jornada!
¡Alerta, solitarios camalotes enlutados de anhelos!
¡Alerta, ciudadanos de piedra y agua dulce!
¡Alerta, compañeros del humo y la alegría!
¡Alerta, militantes del joven cataclismo!
Está naciendo, como inmenso volcán,
retumbo,
multitud,
lágrima,
beso
y áspera paloma victoriosa,
una Guarania nueva de pólvora y futuro,
una Guarania invicta,
elemental
como la sangre.

1975

essence of morning,
met the world in syllables of kinship
and melodies of boundless space,
broke forth as arrow of light over trees,
spoke in one tongue with all without deceit,
of all, for all, at last, like a mother never-failing,
and then it was
that wolves began their howling to snuff it,
poured blind eyefuls of stinking black
viscous liquid
and hot infamy to drown it,
and still their stare scans darkly
in futile sewers of hate and vomit.
Alert, guardians of day and its labors!
Alert, lone lily-pads garbed in grief and longing!
Alert, citizens of stone and fresh water!
Alert, companions of smoke and joy!
Alert, young partisans of world-turning!
A new Guarania of fire and future,
vast volcano, reverberation,
multitude,
teardrop,
kiss,
rough triumphant dove
is coming into birth,
unbowed Guarania,
elemental
as blood.

1975

Aquí tenéis mi voz
a Jerónimo Irala Burgos

¿Por qué tienen las horas ese color de otoño?
¿Quién ha echado las cartas
de este día difícil y largamente amargo?
No sé cuántas palabras y besos y agonías aguardan a mis labios.
Pero con ellos canto.
Aquí tenéis en pie mi voz contra el tirano,
a favor de las uvas, la inocencia y la vida.
Esta palabra usual.
Usadla.
Empuñadla.

1976

This is my voice
to Jerónimo Irala Burgos

Why do the hours bear the color of fall?
Who has dealt the cards
for this harsh and bitterly long day?
My lips don't know what words, kisses, and agonies await them,
and yet they sing.
Here is my voice, enemy of tyrants,
friend of grapes, innocence, and life.
These customary words.
Use them.
Grasp them in your fist.

1976

Poemas de la libertad, I
a Jorge Canese

Aquel es pyragüé.
No tiene más oficio que estar ahí parado
como la tos de un perro,
anotando las horas en que viene el lechero,
nos visita el vecino o miramos la luna.

¡Alguien lo puso en esa esquina
y le enseñó a leer al revés el periódico
para disimular su alfabeto traidor!

Yo lo señalo ahora con un dedo de ira
para que no le deis la hora ni el saludo
cuando paséis la esquina.
(Es el que tiene el aliento más triste y los ojos de humo.)

Sé que es un pobre hombre.
Pero como él hay muchos,
y entre todos han hecho inhabitable el mundo.

Maldigo su raza de ratas sifilíticas
y juro que jamás le prestaré un violín.

1976

Poems for liberty, I
to Jorge Canese

That one's a spy, a pyragüé, a stalker with furry feet
and no other trade than to skulk about
like a coughing dog,
noting when the milkman comes,
when the neighbor drops by or when we stare at the moon.
Who planted him on that corner?

Who taught him to conceal his traitor's alphabet
by reading the newspaper backwards?

With fingers of fury I unmask him now
so none will tell him the time nor say hello
in passing by.
(He's the one who breathes dejectedly and fills his eyes with smoke.)

I know he's a poor devil.
But there are legions like him,
and between them they've made the world unlivable.

I curse his lineage of syphilitic rats,
and swear I'll never lend him a violin.

1976

II
a José Antonio Galeano

No podrá persuadirme la muerte cotidiana.

Apartad de mi casa sus signos de ceniza,
su aliento de murciélago, su cráter amarillo.
Ya sé que sus heraldos sombríos multiplican
en ventanas y sótanos, en mercados y sábados,
el olor implacable de sus esquinas húmedas.

Apuesto por la vida.

A pesar del espía que soborna silencios
y el sabueso de sangre, traición, infamia y lodo.
A pesar del comercio diario del saludo.
Apuesto por la vida, lo nuevo y lo posible,
la cíclica sonrisa de las uvas,
la silenciosa nostalgia fluvial del arroyito,
la silenciosa nostalgia marítima del río,
la silenciosa nostalgia terrícola del mar,
¡*este* sueño de arcilla!

Algunos secretos alfareros están imaginando
la silueta del día.

¿Por qué ha de estar
eternamente prohibida
la alegría?

1976

II
to José Antonio Galeano

I'm not seduced by death doled out in daily crumbs.

Take from my house death's ashen smudge,
its bat breath gorged on blood, its yellow cratered landscape.
How well I know its somber harbingers that breed
in windows and basements, in marketplaces and the spaces filled by Saturday,
its implacable odor of muggy street corners.

I cast my lot with life.

Despite spies who bribe silence,
despite the hounds who sup on blood, betrayal, infamy and mud,
despite each day's trafficking in cordiality,
I cast my lot with life, newness and possibility,
the cyclic smile of grapes,
the silent flow of brooks homing to the river,
of rivers homing to the sea,
of seas homing to the land,
these dreams of clay!

Somewhere secret potters are imagining
the silhouette of day.

Why then should joy
be banned
forever?

1976

III
a Augusto Roa Bastos

¡Cuándo iremos, más allá de las playas
y montes, a saludar el parto del trabajo
nuevo, la sabiduría nueva, la huida de
los tiranos y de los demonios, el fin de la
superstición, a adorar — ¡los primeros! —
el Nacimiento sobre la tierra!
ARTHUR RIMBAUD

Hasta la geografía mudará de colores:
será más verde el árbol,
el pájaro más ave,
los ríos más verano,
las colinas más tetas,
la mujer más espléndida.
Y los hombres, más niños.

Nadie recordará cómo era el olvido.
Ni habrá tiempo para escupir rencores.
Ni otra luna
que la diurna luna
de unas manos unidas por el amor,
el trabajo, la vida y la poesía.

No habrá libros que no puedan abrirse.
Ni cantos mutilados en el trasluz del aire.
Ni labios que no puedan besar como soñaban.

III
to Augusto Roa Bastos

Oh when, beyond shoreline and mountain,
will we come to greet new labor's
dawn, new wisdom's rising, tyrants' flight,
demise of demons, superstition's
end, the first to worship
Birth upon the face of Earth!
ARTHUR RIMBAUD

Geography itself will change its hues:
trees will deepen in their greenness,
birds will fly more truly,
rivers flow more summer-like
and hilltops rise more breast-like.
Women will be more dazzling
and men more child-like.

No one will recall oblivion
nor have the time to vomit bitterness.
No moons
will rise but daylit ones
of hands that join in labor,
love, poetry and life.

No author will write books that can't be opened.
No song will be dismembered in passing through the air,
no kiss will be taboo to dreaming lips,

Ni dioses sin los hábitos diminutos del hombre.

Así juntos iremos hacia nosotros mismos.
Embriagados de abrazos, de fragancias, de música.
Tranquilos y expandidos en el sol de los otros
como una patria íntima y una vasta bandera.

La tierra será toda una inmensa mañana
sin aduanas, gendarmes ni fronteras:
unánime materia fluvial y constelada.

Tenaz como la vida, bastión de la esperanza,
esta ansiedad de auroras nos funda y nos congrega.
Invencible, libera de ausencias nuestras huellas.

Y en la memoria teje despacito el futuro.

1977

nor gods estranged from humble human ways.

Thus together will we walk on the path to ourselves,
drunk with fragrance, music and embrace,
serene, opening outward in the sun of our companions
like one familial homeland or a vast unfolding banner.

Earth will be a single great expanse of morning
clean of borders, customs houses and police:
one flowing single-hearted constellated substance.

Stubborn as life, bulwark of hope,
it is this anxiousness for dawn that grounds us and unites us,
this dauntless eagerness that frees our steps from absence

and slowly weaves in memory the strands of life to come.

1977

IV
a Ana María y Carlos Villagra Marsal

Vio caer la nieve
sobre las ramas peladas,
y en la penumbra del zaguán
la sombra del asesino
Georg Trakl

Lo vi venir con sus ojos perversos.
Oí tintinear las esposas en su bolsillo.
Me embriagó su humedad de averiado verdugo.

Los pájaros cantaban aún en la mañana.

1977

IV
to Ana María and Carlos Villagra Marsal

He saw the snow falling
on stripped branches,
and in the dimness of the hallway
the killer's shadow
GEORG TRAKL

I saw him come with his warped eyes.
I heard the handcuffs tinkle in his pocket.
Something in his wet crippled-hangman swagger held me in its spell.

And yet the birds of morning sang.

1977

Elegía a Víctor Jara

a la memoria de Maneco Galeano

I

No te conoce nadie. No.
Pero yo te canto
FEDERICO GARCÍA LORCA

No conocí a Manuel, ni a Amanda.
No conocí tu casa. No me acosté ni almorcé contigo.
Sé solamente la inmóvil sonrisa de tus sobres
y tu mágica voz grabada para siempre.
Nunca te vi morir aunque morí contigo.

Pero no necesito tu voz para cantarte
ni necesito tu sangre para sobrevivir cantándote.
Sólo quiero decirte
que me llamo Manuel y que mi madre
también se llama Amanda.

1977

Elegy to Víctor Jara

in memory of Maneco Galeano

I

Nobody knows you. Nobody.
But I will sing your story
Federico García Lorca

I never met Manuel or Amanda.
I didn't know your house. I never lay nor ate lunch with you.
All I know is the still smile of your record jackets
and your magic voice recorded forever.
I never saw you die even though I died with you.

But I don't need your voice to sing your story
nor your blood to survive as I sing.
I only want to tell you
that I too am named Manuel and my mother's
name is Amanda too.

1977

II
Vine por esos besos solamente;
guardad los labios por si vuelvo
Luis Cernuda

Me llamo Víctor Jara.
Nací para cantar mi largo Chile herido.
Mi voz fue como un río en otras voces.
Mi amor fue con un mar en otros sueños.
Canté la dignidad del cóndor y la nieve,
la ternura y el reencuentro de la gente,
las violetas costumbres de la vida.

Ahora mi guitarra está rota.
Júntenme sus pedazos.
Espérenme cantando.

Entonces les prometo regresar.

1977

II

I just came for those kisses;
keep your lips for my return
Luis Cernuda

My name is Víctor Jara.
I was born to sing the song of long and wounded Chile.
My voice was like a river running through other voices.
My love was with oceans in the dreams of others.
I sang the dignity of snow and condor,
tenderness and rediscovered humanity,
life's violet customs.

Now my guitar is broken;
put its fragments back together for me.
Await me with a song.

If you do I promise to return.

1977

III

Registrándolo, muerto,
sorprendiéronle en su cuerpo un gran cuerpo,
para el alma del mundo
César Vallejo

Le quitaron los ojos
pero seguía mirando las estrellas.

Le quitaron los labios
pero seguía besando.

Le quitaron los brazos
pero seguía abrazando a sus hermanos del estadio.

Le quitaron las manos
pero seguía tocando su guitarra.

Le quitaron la voz, la lengua, el idioma,
y cantaba, y cantaba, y cantaba.

Le quitaron la vida.
Y continuaba de pie bajo una inmensa lágrima,
bajo rojas banderas, bajo ninguna esperanza enterrada,
más allá y más acá, de norte a sur,
sin rendirse.

Entonces el general tuvo que decretar que estaba muerto,
¡carajo!

1977

III

Frisking his corpse
they found it to be a thing greater than itself,
a body for the world's soul
CÉSAR VALLEJO

They plucked out his eyes
but he kept on watching the stars.

They cut off his lips
but he kept kissing.

They removed his arms
but he kept embracing his brothers in the stadium.

They cut off his hands,
but still he played the guitar.

They took away voice, tongue, language,
and still he sang, and sang, and sang.

They took away life itself,
and yet he stood erect beneath immense weeping,
beneath red banners, beneath no buried hope,
distant yet close at hand, in the north and in the south,
without surrender.

That's when the general had to decree him dead,
goddammit!

1977

IV

La mañana se anuncia con un trino
Nicolás Guillén

No sonarán bombos ni platillos, ni tampoco treinta cañonazos.
No publicaremos avisos clasificados,
ni lo inscribiremos en la guía de teléfonos,
ni en la lista de espera del dentista,
ni extenderemos en la calle un enorme letrero.

No iremos de puerta en puerta.
No gritaremos.
No tocaremos ningún timbre
ni paladearemos platos especiales ni vinos especiales
ni pensaremos que es navidad o primavera.

Pero tú cantarás.

Y todos sabremos que es el día.

1977

IV

The sign of morning is a chirping of birds
Nicolás Guillén

Drums and cymbals will not sound. Thirty cannons won't salute.
We'll not place ads in the paper
nor put him in phone books
and on the dentist's waiting list.
We'll hang no billboards in the street

nor call from door to door
nor shout
nor ring buzzers
nor sample special foods and wines
nor harbor thoughts of spring or Christmastime.

And still you'll sing.

And we'll know the day has come.

1977

V

Ni los cuervos ni el odio
me pueden cercenar de tu cintura
Hérib Campos Cervera

Se puede torturar al tipo,
se lo puede matar en un mes o en un segundo,
encadenarlo,
alejarlo de los suyos,
privarle de la vida,
desterrarlo,
prohibirlo,
negarle nombre,
difamarlo.

También podemos cercenarle las manos de un hachazo.

Pero no podemos obligarle a odiar
si él no quiere.

1977

V

Neither crows nor hate
can cut me from your waist
Hérib Campos Cervera

The man can be tortured,
slain in a month or a second,
chained up,
removed from his people,
deprived of life,
exiled,
proscribed,
robbed of name
and reputation.

We can sever his hands with an axe,

but nothing can make him hate
if he's unwilling.

1977

Canto de victoria, I
a Alicia y Basilio Bogado Gondra

En este país el sol es un grito,
la vida una palabra jamás dicha
Libero de Libero

Lejos
del mediodía fluvial de tu costado,
de la infinita ternura de tus labios,
de la energía paciente de tus sueños,
del leve vuelo nupcial de tus auroras,
de la recóndita piel de tus misterios,
de la tenaz ciudadela de tu sangre,
de la sorpresa feroz de tus esquinas,
de tus sencillas costumbres labradoras,
del ancho hábito solar de tus mañanas,
de tu martirizada inocencia de capullo,
de tus perpetuas canciones populares,
de tus silencios remotos y heredados,
del naranjal, el arpa y la campana,
de tu subsuelo rebelde y arrendado,
del vasto espacio de tu techo celeste,
de la emoción de arrullarte en los brazos,
de la alegría de besarte las manos
y de la certidumbre de amanecer contigo,

¡continuamos!

1977

Song for victory, I
to Alicia and Basilio Bogado Gondra

In this country the sun is a voice screaming
and life an unsaid word
LIBERO DE LIBERO

Far
from the flow of midday at your side,
from the endless tenderness of your lips
and the patient energy of your dreams,
far from the weightless nuptial flight of your dawn,
from the mysteries of your secret skin
and the stubborn fortress of your blood,
far from the ferocious surprise of your street corners,
from your simple peasant customs
and the spacious sunny routine of your mornings,
far from your martyred cocoon of innocence,
from your eternal folksongs
and remote inherited silence,
far from orange grove, harp and bell,
from flogged rebellious subsoil,
from the vast space of your heavenly vault,
from the emotion of soothing you in our arms,
from the joy of kissing your hands
and the certainty of rising with you at sun-up,

we endure!

1977

II

a Marisa Giménez y Juan Carlos Herken

Días de ojos ciegos a la línea del mar,
de horas siempre iguales, días sin libertad
PAUL ELUARD

Clavados en relojes que no hieren tus horas,
en dialectos que no escuchan tus sílabas,
en rincones que no escuda tu sombra,
en veredas que ignoran tus veranos,
en un sitio que no sueña tus lágrimas,
en el párpado azul de tu memoria,
en vacíos eléctricos y ajenos,
en nostalgias de violentas y oscuras pesadillas,
en ardientes y mudas cicatrices,
en antiguos y limítrofes gritos,
en errantes y unánimes guijarros,
en un solo, innumerable estrago,
en la espera de ocuparte de nuevo,
en la víspera de invadirte las huellas,
en la puerta de tu sol liberado
y en la clara palabra de tu intacta ternura,

¡vigilamos!

1977

II

to Marisa Giménez and Juan Carlos Herken

Days of eyes which cannot see the ocean's edge,
of hours endlessly the same, days without freedom
PAUL ELUARD

Nailed to clocks that lay no hand upon your hours,
to dialects that cannot hear your sounds
and corners that your shadow cannot shield,
to paths that cannot know your summers
and dreamscapes that exclude your tears,
to the blue eyelid of your memory,
to alien electric voids
and yearnings of dark and violent nightmares,
to mute burning scars
and ancient screams from the margins,
to rolling single-minded pebbles,
to a single vast innumerable wasteland,
yet also to the hope of holding you again,
to the eve of conquering your footsteps,
to the gateway to your liberated sun
and the clear language of your unbroken tenderness,

we watch and wait!

1977

III

a Elva Macías y Eraclio Zepeda

La sangre, el cielo, el pan,
y el derecho a esperar,
para todos los inocentes
que odian el mal
Paul Eluard

Este es un llamamiento
para que tú te asomes al fuego de la vida
y en sus llamas de horror te purifiques,
para que tú te lances al río de los otros
y en su tibio caudal te reconozcas,
para que tú bebas de golpe la alegría
y en esa plenitud te desparrames,
para que tú te abraces al primero que pasa
y le invites a caminar contigo,
para que tú te duermas en un beso tranquilo
y no tranques la puerta de tu casa,
para que tú amanezcas con los ojos hinchados
al cabo de un insomnio de sueños taladrados
y sin embargo aspires contento la mañana
sonriendo al escuchar que esa muchacha
está roncando un poco, todavía.

Porque tienes derecho al pan, al libro, al aire,
al fugitivo amor y a la esperanza,
yo te nombro de nuevo en este llamamiento
¡y te hago mundial esta semana!

1977

III

to Elva Macías and Eraclio Zepeda

Blood, sky, bread,
the right to hope,
for all the innocents
who abhor evil
PAUL ELUARD

This is my call to you,
that you might lean into life's fire
and in its flames of horror cleanse yourself,
that you might leap into the river of others
and in its tepid flowing know yourself,
that you might drain the cup of happiness in a single gulp
and float your being in its fullness,
that you might embrace a stranger
and take him for a walk with you,
that you might sleep upon a kiss of peace
and leave your door unlocked,
that rising bleary-eyed
from punctured dreams and sleeplessness
you might inhale the morning
happy at the gentle snoring
of the girl beside you.

Bread, books, air,
flights of love, hope: these are your rights;
and so this week I call your name again,
and wed you to the world!

1977

IV

a Katia y Pon Bogado Gondra

Si no dormimos es para acechar el alba,
que probará que al fin seguimos vivos
Robert Desnos

Al despuntar el día
una historia de sangre clausurará sus venas,
un verdugo furtivo conocerá el olvido,
unas manos cansadas decretarán la vida,
unos ojos antiguos regresarán del miedo,
una llave herrumbrada liberará al jilguero,
una puerta blindada estallará en pedazos,
una efigie sombría expiará sus odios,
un jazmín circunspecto destituirá al invierno,
un grillo innumerable cantará como loco,
un álgebra temprana distribuirá luciérnagas,
una ardilla tontísima reirá estupefacta,
un gordo entusiasmado sudará sus polkitas,
una morena espléndida elegirá a un bandido (una
                hermosa inocencia sonrojará sus muslos),
un autobús gratuito repartirá estampillas,
un cataclismo enorme fundará la alegría
y habrá por todas partes mucha gente
(en realidad, casi toda la gente)
y un alboroto grande como un circo
y un bebé sorprendido preguntará al nacer
adónde vino a parar después de tanta espera.

Entonces volveremos.

1977

IV
to Katia and Pon Bogado Gondra

If we fail to sleep it's because we hunt for dawn,
to prove that after all we're still alive
Robert Desnos

At daybreak
a history of bloodletting will close its veins,
a secret executioner will know oblivion,
two weary hands will decree life,
two aged eyes will come home from fear,
a rusty key will free the linnet from its cage,
a steel-plated door will be smashed and broken,
a somber effigy will purge its hatred,
a cautious jasmine will unseat winter,
a cricket will sing its mad innumerable song,
a sunrise algebra will sprinkle fireflies on fleeing darkness,
a giddy squirrel will laugh absurdly,
a sweating fat man will rejoice to dance a jig,
a dark beauty will call upon a thief (her
				thighs flushed with lovely innocence),
a bus free of fares will hand out stamps,
a monstrous quake will establish joy,
throngs of people (in fact, nearly everyone)
will be on every street
and a great mirthful tumult will reign as in a circus
and a surprised newborn will ask
what place is this after so much waiting.

Then we will return.

1977

V

a Vicenta y Ricki Canese

Pero ni uno solo de nosotros se
quedará aquí.
No está dicha aún la última palabra
BERTOLT BRECHT

Todos.
Los que habían sufrido la orfandad y el olvido,
la tortura, el destierro, la calumnia,
los que habían heredado el infierno, el castigo,
la sed, la enfermedad, la cruz, la ira,
los que estaban rodeados de horribles forajidos,
de siniestra carroña y filo ardiente,
los que anhelaban cambiar esa tristeza
de ruinas y de ruinas y de ruinas,
y lucharon a muerte contra la muerte, el odio
y la inmensa ignominia de un corazón cautivo,
y pactaron temblando un papel sigiloso,
una cita secreta, un nombre silencioso, un mundo más humano,
y soñaron abolir la estupidez y el luto,
unos labios unidos, un regreso temprano,
una vida infinita,
así,
con todas estas invencibles razones,
amor, pureza, flores,
poesía esperando,
al fin de esta larguísima noche dolorosa,

¡venceremos!

1977

V

to Vicenta and Ricki Canese

But not one of us will remain here.
The last word is not yet spoken

BERTOLT BRECHT

All of us.
Those who had been orphaned, forgotten,
tortured, exiled, slandered,
those who had inherited hell, punishment,
the cross, thirst, disease, wrath,
those who were beset by hot knives
of malevolent felons or steeped in insidious carrion,
those who yearned to change that sadness
of ruins and ruins and ruins,
and fought to the death against death, hatred
and the immense humiliation of a captive heart,
and trembled over tacit pacts,
clandestine meetings, silent names, and aspired
to abolish stupidity and grief, and dreamt of one forever-human world,
of lips united, an early homecoming,
boundless life,
all of us,
for all these unsurrendering reasons,
love, purity, flowers,
poetry yet to be written,
at the end of this long terrifying night,

we shall overcome!

1977

Epílogo

José Antonio Alonso Navarro
Doctor en Filología Inglesa
Universidad de La Coruña, España

El libro de *Poemas y canciones* de Juan Manuel Marcos constituye todo un rico caudal de sentimientos y emociones, de pasiones, recuerdos, nostalgias, y experiencias, de exaltación y vehemencia, y de anhelos añorados de libertad y esperanza. No hay ni una sola de sus composiciones que no dé cuenta del fecundo panorama interior que posee Marcos, un panorama que desvela al lector crítico, al lector apasionado, al lector receptivo y ansioso por descubrimientos emocionales muy hondos, destinados a enriquecerlo espiritualmente y a motivarlo a que despierte también en él vivencias y experiencias propias del ayer.

Algunos poemas de Marcos nos recuerdan a la corriente estética literaria del imagismo de principios de los años XX, corriente angloamericana que buscaba un tipo de poesía que concentrase en ella imágenes, evocaciones, epifanías (si utilizamos un término muy propio de Joyce), o revelaciones vivenciales compactas, precisas, y claras. El poema «Epigrama», por ejemplo, es un poema lírico-festivo-satírico, un poema evocador, sustentado, a pesar de la fuerza de su elocuencia interna, en la economía del lenguaje, en la brevedad de su forma, y en la intención de comprimir en él una experiencia vívida de amor satírica o irónicamente apasionada. Su estructura externa recuerda a los poemas japoneses del *tanka* y del *haiku* por estar en sintonía con el deseo de concentrar en sí mismo un sentimiento abstracto en una sola imagen, aislándola y preservándola de otros elementos expresivos que lo recarguen en la forma y en el contenido.

En otras ocasiones, se pierde esa economía del lenguaje pero se gana en figuras literarias y retóricas de gran ingenio, maestría y brillantez. Ejemplos son las metáforas sinestéticas que combinan el color, la imagen visual, y el sentido del tacto o del gusto (e.g. «Tu pelo eran cascadas de metal color tiempo» de «Distancia»). También ejemplares son las metáforas abstractas y contradictorias de gran poder pero de difícil asimilación mental que crean una paradoja sofista en el lector, y las metáforas elaboradas con algún elemento de la naturaleza más bucólica y colorida (e.g. «melena de trigo» de «Colegialas II»).

No faltan las imágenes de dolor y tribulación de algunos poemas de claro tinte histórico y político, construidas con la argamasa de una adjetivación de connotaciones negativas pero de gran viveza sensorial y emocional, como en estos versos de «A la residenta»:

... Residenta doliente, residenta callada.
Prosigue tu raquítica y larga y vaga marcha ...

y más adelante,

... vencedores sangrantes del que ganó la guerra ...

El lenguaje en *Poemas y canciones* ocupa asimismo un lugar primordial y en el mismo se aprecian varios grados de tonalidad y cadencia. Por un lado, hallamos momentos en los que el autor del presente poemario olvida el pudor del poeta lírico, nostálgico, y melancólico, y esgrime el filo de un cálamo convertido en bracamarte para expresar su rabia y cólera frente a episodios de la historia paraguaya, enfrentándose al destino de la patria y a las riendas que la guiaron en el pasado:

> Lope tiempo que vino la espada con su filo banquero y podrido.
> Lope tiempo que el sol se hizo mierda con la muerte, la muerte
> y la muerte.
> (de «López, I»)

En este caso el lenguaje es duro, rancio, ácido, y fiel testimonio del estado emocional del poeta al escribir el poema. Pero el áspero tono de ese lenguaje, que retiene parte de la angustia y del malestar del poeta, no perdura, y tras cierta transición temporal suele cuajar en un tono más suave y amable, entre quejido y quejumbre, un tono de melancolía y recuerdo de una época pasada con aires de juventud latente:

> Ella tiene sus cuitas.
> A los catorce inviernos, el cielo no ha cambiado, todavía.
> (de «Colegialas I»)

Hay, por momentos, voces y tonalidades en el lenguaje que parecen invadir la privacidad de una mujer, despojándola de sus vestiduras con el objeto de embellecer la estética del poema con aires de sensualidad:

> ... y admiraba el asombro de esos pechitos altos.
> Desnuda en el espejo, también esa muchacha rosada la descubre, cambian miradas tímidas.
> Ella ha puesto llave a la puerta del cuarto.
> Pensarán que revisa los cuadernos, los atlas, los libros del colegio.

> La imaginarán sumisa, inclinada en la mesa,
> quemándose los párpados en la casta lectura.
> No saben que está ahí,
> puta como la noche que entra por la ventana.
> Y la luna en... aquel espejo cómplice es un farol
> de esquina.
>
> (de «Colegialas II»)

Y transgredida y traspasada la barrera de la sensualidad, el poema osa rozar el erotismo con la aprobación del poeta alquimista:

> Y las estrellas son
> multitud de clientes que hacen fila,
> esperan su turno en la llovizna
> y la gozan, al fin, por un mes de salario.
>
> (de «Colegialas II»)

En esta suite de poemas titulada «Colegialas», el lenguaje llega a alcanzar una sonoridad especialmente significativa cuando el autor se convierte en un profesor nostálgico que recuerda con sosiego y calma su quehacer como docente en el pasado y el paso de algunas alumnas en el colegio. Este lenguaje se hace asequible aquí. Suave, pausado, algo intimista, descriptivo y detallado, revela episodios cotidianos en la vida de un profesor en relación con sus alumnas:

> Pero sus ojos huyen, serenos, por la ventana,
> como si meditaran hipótesis, paralelogramos.
> El profesor la mira, sin sospechar siquiera
>
> (de «Colegialas III»)

El clímax de la tonalidad o el descubrimiento de un nuevo lenguaje, de una voz intimísima dentro de él, irrumpe con pasmosa violencia en poemas como «El exiliado II», donde la esencia del ser del alma del exiliado aflora empapando al lector de lo que puede sentirse y padecerse en una circunstancia vital como el exilio — cómo es estar en la distancia de aquello que se ama, se ansía, y se recuerda con viveza, o cómo es permanecer en un país diferente donde los aromas y sabores del país extraño se combinan con el recuerdo de aquellos aromas y sabores del país propio. El poema se solidifica y se entreteje de esta manera en una letanía de experiencias pasadas con imágenes del presente.

Y de nuevo, en la sección de poemas dedicados a los exiliados, experiencia que vivió en carne propia el autor, hallamos poemas breves, condensados, de reflexión, en los que el poeta trata de encapsular una sola idea que dimensione y proyecte vívidamente su estado anímico en el momento de escribir el poema, estado de añoranza por volver y descubrir que una parte de él nunca se marchó de su país, reflejo de su apego a una tierra, a unas raíces, y a unas costumbres:

> Será lindo volver después de tantos años.
> Abrazar a los nuestros con impaciente júbilo.
> Encontrar todo tan cambiado.
>
> Y descubrir, de pronto, que no nos hemos ido.
> (de «El exiliado III»)

En estos poemas dedicados al exilio puede hallarse, además, un tipo de lenguaje que sirve para crear sentencias filosóficas que dejan honda huella en el lector por su intensidad e inspiración. Ejemplo son los últimos versos del poema «Atardecer»:

> ... no hay distancia más grande ni más triste
> que la que no podemos medir
> cuando atardece.

Son sentencias que sirven muy bien para finalizar un poema en el que se vuelve a tocar la llaga de la soledad, el vacío interior y el exilio. «Atardecer» es un poema simbólico, al estilo de Rimbaud o Baudelaire, que conjuga lo grisáceo de un atardecer con la desazón del alma humana.

En todos esos poemas específicos permea una impronta filosófica difícil de suprimir por la comunión que ha existido siempre entre el exilio y la reflexión interior a distancia acerca del destino poluto o distorsionado de uno mismo. Los poemas sobre el exilio suponen y garantizan el despertar de la conciencia nunca antes reclamada por el poeta hasta pasar por la experiencia de la lejanía. Por esa lejanía, es decir, todo aquello que tuvo sentido en la inconsciencia vuelve a aflorar con añoranza en la conciencia renovada.

En cuanto a las elegías, son éstas obra de una honda tristeza que vuelve al olvido del futuro y al recuerdo del pasado, y que invoca a algunas de sus figuras más inmortales, como la de Víctor Jara, cantautor chileno, ícono de la canción de protesta con quien Juan Manuel Marcos se identifica ideológicamente en valores universales como la libertad y la búsqueda de una identidad personal fuera de cadenas y restricciones políticas.

Y a todo el conjunto de este fantástico *corpus* de poemas que conforman *Poemas y canciones* se destaca un valor agregado vinculado a la calidad de la traducción de los mismos a cargo de Tracy K.Lewis, *Distinguished Teaching Professor* de la State University of New York en Oswego, cuya intuición y buen hacer como traductor ha hecho de los propios textos traducidos una auténtica obra de arte: no de imitación, sino de re-elaboración o re-creación. La naturaleza de su labor traductológica se caracteriza por:

1. La creatividad y su iniciativa por elaborar traducciones que impacten y llamen la atención por su viveza expresiva en la lengua de llegada:
   Español
   Esas son mis esposas.
   Inglés
   To that alone my hand belongs.
   (de «Esposas»)

2. La descompresión de una metáfora o una imagen con el fin de clarificarla en la versión en inglés.
   Español
   Así son estos días en que las horas gimen.
   Inglés
   That's how it is these days when the hours pass by wailing.
   (de «Poemas de la Embajada I»)

3. Su capacidad como traductor de enfrentarse a los cultismos de los poemas y hallar para ellos un equivalente adecuado:
   Español
   Tu palabra viuda, clarinada.
   Inglés
   Your widowed clarioned word.
   (de «López, II»)

4. Su habilidad para resolver con gran pericia la traducción de versos de cierta complejidad sintáctica o semántica:
Español
El invierno ha cruzado por sus ojos
y otra vez capturado el alarido de los pinos secos.
Inglés
Winter once again has flown across his eyes
and captured the wailing of dry pines.
(de «Atardecer»)

5. La recurrencia a ciertas licencias, como convertir en pregunta en la versión inglesa una afirmación procedente de la versión en español:
Español
Nadie tuvo su gesto de espacio indoblegable,
nadie su visión ígnea de águila celeste.
Y nadie unos bolsillos tan vacíos.
Inglés
Who else had his grasp of an unbending space,
who else that celestial eagle's fiery vision?
And who those empty pockets?
(de «La historia empieza en Altos»)

6. La traducción magistral de metáforas o imágenes surrealistas:
Español
... primavera traicionada ...
... durazno de tu cutis ...
... una guitarra muda y exiliada ...
... viento espeso y cancerbero ...

Inglés
... springtime betrayed ...
... peach-glow of your skin ...
... a banished mute guitar ...
... heavy snarling-watchdog winds ...
   (todos de «Poemas de la Embajada III»)

7. La capacidad para comprender el profundo lirismo de algunos poemas de su autor y traducirlo magistralmente al inglés:
Español
Entre ruinas de martes y feriados,
en cruz sobre estas horas dolientemente iguales,
lejos de ti, mi amor de grandes ojos húmedos,
no podrá derrotarme la tristeza.
Inglés
Among the wrecks of Tuesdays and holidays,
on a cross of hours crushingly the same,
far from you, large-eyed tearful lover,
sadness fails to vanquish me.
   («Poemas de la Embajada VI»)

En *Poemas y canciones* de Juan Manuel Marcos no falta tampoco un profundo lirismo asociado a las emociones personales del poeta en torno al amor. La originalidad de este lirismo no radica (o echa raíces) tanto en la experiencia emotiva del poeta como en su brillantez para traducirla a un lenguaje poético lleno de fuerza y vitalidad, un lenguaje que seduzca al lector sentando las bases de una relación interpersonal sincera fundada en las propiedades *yo/tú*:

Te llevaré conmigo
porque eres mi alma, mis pasos y mi brújula,
mi manera de ser,
mi conciencia de estar aún en el mundo,
amor de ojos lejanos.
... Solamente en tus ojos amanece.
Solamente tus manos acarician.
Solamente tus labios me besan y me nombran.
¡Te llevaré conmigo!
(de «Poemas de la Embajada VIII»)

Hay poemas, en cambio, en los que el amor se trastoca en esperanza y donde el lenguaje se instrumentaliza como ejercicio intelectual que busca del arte por el arte la construcción de una torre dominada por trebejos de gran acierto:

De la hermética quietud boscosa y el puntual rumor
 de los torrentes,
del eco antiguo de las gestas,
la diáfana sonrisa mestiza de unos ojos ...

From sealed-off forest quiet and the punctual sounding
 of torrents,
from ancient epic echoings,
translucent smiling of mestizo eyes ...
(de «Cincuenta veces cincuenta»)

La sintonía entre el autor y el traductor en esta colección es bastante evidente, y refleja la precisión y el dominio del lenguaje poético que utiliza Marcos y la maestría y pericia de Lewis como políglota y traductor. Finalmente, en *Poemas y canciones* está cristalizada toda una vida humana y toda una experiencia entendible sincrónica y diacrónicamente, es decir, proyectada en determinados momentos de la historia vital de Juan Manuel Marcos y a lo largo de su vida en una línea gradual y progresiva. Cada poema o cada verso es reflejo, por lo tanto, de una viva y lúcida estampa de la vida del autor, de un momento importante que ha deseado congelar o encapsular para el recuerdo, para su posterior meditación en una circunstancia más amena y amigable. Lejos del dolor que implica la cercanía, se preserva el episodio vital para todos nosotros, más enlazado ahora a un tiempo de mayor madurez y dominio de los sentimientos.

Epilogue

José Antonio Alonso Navarro
Doctor of English Philology
Universidad de La Coruña, Spain
(Loose translation by Tracy K. Lewis)

Juan Manuel Marcos' *Poemas y canciones* is a rich flowing of feeling and emotion, passion, memory, nostalgia, and experience; of exaltation and vehemence; of longing for freedom and hope. Not a single one of these compositions fails to give account of Marcos' rich internal panorama, an inner landscape which prods awake the discerning reader, the sentient, receptive reader anxious for emotional discovery and spiritual enrichment. The result is the reader's heightened consciousness of his or her own rich flowing of emotion and experience.

Some of Marcos' poems remind us of early 20th-century literary imagism, an Anglo-American tendency that sought a poetry rich in image, evocation, epiphany (to use a term characteristic of Joyce), or existential revelation, all of them articulated compactly, precisely, and with clarity. The short piece «Epigrama,» for example, is a lyric-festive-satiric poem, evocative and sustained, despite the power of its internal eloquence, by its economy of language and brevity of form. It intentionally compresses within itself a vivid love experience, at once satirical and ironically passionate. Externally it brings to mind the Japanese *tanka* and *haiku* poetic forms, in harmony with the desire to concentrate an abstract sentiment in a single image, isolating that image and guarding it from other expressive elements that might have weighted down its form and content.

At other points in the book the economy of language is lost, but in exchange we gain in literary and rhetorical figures of great virtuosity and brilliance. Examples are the synesthetic metaphors combining color, a visual image, and touch or taste (e.g. «Your hair was a metal cascade the color of time,» from «Distancia»). Also exemplary are the numerous abstract and contradictory metaphors of great power, difficult to assimilate mentally, that create a kind of linguistically agile paradox in the reader, as well as the many metaphors built around bucolic, vividly colored elements of nature (e.g. «wheat-colored hair,» from «Colegialas II»).

Equally present are the pain-infused images of compositions derived from history and political thought, images built from nouns and negatively-connoted adjectives or adjectival phrases, mortared together with great sensory and emotional vigor, as in these lines from «A la residenta»:

> Mourning woman, silent maker of bivouacs.
> Endure your long, vague, tottering march ...

And later in the poem,

> ... those of us who bled
> in vanquishing the victors in the war ...

Language, more than a vehicle of meaning, occupies a primordial space in *Poemas y canciones*, a space in which we are able to appreciate a range of tonality and cadence. There are moments, for example, when the poet puts aside the nostalgic melancholy restraint of lyricism to thrust instead the knife-edge of a pen dipped in rage against certain episodes of Paraguayan history and raised in defiance at the nation's fate and the determining forces of its past:

> López time when swords were edged with money and the
> filth of bankers.
> López time when sunlight turned to shit and death and
> death and death.
> (from «López, I»)

The language in this case is hard, bitter, and acidic — a faithful witness of the poet's emotional state at the time of composition. The harshness of that language, however, though retaining some of the poet's anguish and malaise, yields, after a certain transition, to a softer more amiable tone, somewhere between plaintive and wistful, recalling a past tinged in the short-lived vitality of youth:

> She has her cares.
> At fourteen winters, the sky has not yet
> changed.
> (from «Colegialas I»)

There are moments in these poems when the voices and tonalities of language seem almost to invade, as when the poet verbally intrudes upon a woman's intimacy, removing her clothes in order to enhance his poem's esthetic with an air of sensuality:

> ... and she marvelled at her high breasts.
> Naked and pink-skinned in the mirror, the other girl disrobes
> her also,
> and they exchange a shy glance.
> She has locked the door to her room,
> letting them imagine her poring over notes, atlases

> and textbooks,
> submissively stooped over the table,
> inflaming her eyelids in chaste pursuit of knowledge.
> They don't know she's
> whoring like the night that penetrates the window.
> And the moon in that collaborating... mirror is nothing more
> than a street lamp ...
>
> (from «Colegialas II»)

Having passed, indeed having trespassed, upon this sensuous ground, the poem's next lines verge on eroticism in the alchemy of their images:

> ... the stars nothing more
> than a throng of customers queued up
> in the slow rain
> to mount her for a month's wages.
>
> (from «Colegialas II»)

In the «Colegialas» suite of poems, the book's poetic language achieves a particularly powerful confluence of sound and meaning when the author assumes the guise of a nostalgic teacher calmly recalling his past work with certain students at a high school for girls. Language is especially palpable here. Soft, deliberative, somewhat intimate, descriptive, it reveals daily incidents in the teacher's life with the girls:

> Yet her eyes hover serenely toward the window
> as if contemplating hypotheses and parellelograms,
> while the teacher watches unsuspicious.
>
> (from «Colegialas II»)

Tonality and the discovery of a new language and within it, an intimate new voice, burst forth with astonishing violence in poems like «El exiliado II,» where the exile's soulful essence burgeons and drenches the reader in the whole range of feeling and suffering that goes with exile: distance from what one loves, desires, and remembers, and confinement to a strange country where the smells and tastes merge with the memory of one's native smells and tastes. The poem thus becomes solid and palpable in its interwoven litany of past experiences and present images.

Again, in the section of poems devoted to exile, a condition which the author himself lived through, we find certain short, highly condensed reflective pieces which encapsulate a single idea, thus vividly projecting the poet's mind-state at the point of composition, his longing to return and discovery that part of him never really left, his inseparability from roots, customs, and country:

> How lovely to return after so much time has passed.
> To embrace our people with impatient jubilation.
> To find it all so different.
>
> And discover suddenly we never left at all.
> (from «El exiliado III»)

In these exile poems we find a kind of language which lends itself to aphoristic philosophical utterance of the sort that leaves a deep impression on the reader for its intensity, as in the last lines of «Atardecer»:

> ... no distance is greater nor sadder
> than the one we cannot measure
> at the coming of evening.

These lines are an apt conclusion to a poem which touches again and again the wounds of solitude, internal emptiness, and exile. In the style of Rimbaud or Baudelaire, «Atardecer» is a symbolic poem which merges the grayness of an evening with the malaise of a human soul.

All of these poems are steeped in a philosophical orientation arising inevitably and traditionally from exile and the long-distance contemplation of the banished concerning their own distorted fate. These poems on exile both assume and guarantee an awakening of consciousness never before felt by the poet until he had to endure distance from things residing formerly only in the unconscious. With the forced distance and yearning brought about by exile, these things bloom again in renewed awareness.

As for the elegies, these are works of deep sadness that cull from a forgetful future and a remembered past some of our most universal figures, that of Víctor Jara, for example, the Chilean singer-songwriter and icon of protest music with whom Juan Manuel Marcos shares a deep ideological identification based on freedom and personal self-realization unrestrained by chains and politics.

To all this marvelous corpus of poems, finally, is added a further value: that of the quality of Tracy K. Lewis' translations. Lewis, a Distinguished Teaching Professor of Spanish from the State University of New York at Oswego, brings to the task of translating a level of intuition and craftsmanship which makes the translated texts into authentic works of art in their own right, genuine re-creations rather than merely transcribed copies. Among the features of his translator's art we have:

1. Creativity and initiative in making lively, attention-getting versions in the language of translation.

Spanish
Esas son mis esposas.
English
To that alone my hand belongs.
(from «Esposas»)

2. Decompression of metaphors or images in order to clarify them in the English version.
Spanish
Así son estos días en que las horas gimen.
English
That's how it is these days when the hours pass by wailing.
(from «Poemas de la Embajada I»)

3. A capacity to find adequate equivalents for the more erudite expressions embedded in the poems.
Spanish
Tu palabra viuda, clarinada.
English
Your widowed clarioned word.
(from «López, II»)

4. An ability to render syntactically- or semantically-complex lines into the language of translation.
Spanish
El invierno ha cruzado por sus ojos
y otra vez capturado el alarido de los pinos secos.
English
Winter once again has flown across his eyes
and captured the wailing of dry pines.

(from «Atardecer»)

5. Skillful resort to certain forms of translator's license, such as making a question in English out of an affirmation in the Spanish original.
Spanish
Nadie tuvo su gesto de espacio indoblegable,
nadie su visión ígnea de águila celeste.
Y nadie unos bolsillos tan vacíos.
English
Who else had his grasp of an unbending space,
who else that celestial eagle's fiery vision?
And who those empty pockets?
(from «La historia empieza en Altos»)

6. Masterful translation of surrealistic metaphors and images.
Spanish
... primavera traicionada ...
... durazno de tu cutis ...
... una guitarra muda y exiliada ...
... viento espeso y cancerbero ...
English
... springtime betrayed ...
... peach-glow of your skin ...
... a banished mute guitar ...
... heavy snarling-watchdog winds ...
(all from «Poemas de la Embajada III»)

7. The capacity to grasp the deep lyricism of certain poems

and render it masterfully in English.
Spanish
Entre ruinas de martes y feriados,
en cruz sobre estas horas dolientemente iguales,
lejos de ti, mi amor de grandes ojos húmedos,
no podrá derrotarme la tristeza.
English
Among the wrecks of Tuesdays and holidays,
on a cross of hours crushingly the same,
far from you, large-eyed tearful lover,
sadness fails to vanquish me.
(«Poemas de la Embajada VI»)

Juan Manuel Marcos' *Poemas y canciones* is brim-full of this sort of lyricism, linked to the poet's love-feelings but rooted not so much in his lived emotional experience as in his dazzling ability to pour that experience into poetic language. The force and vitality of that language are what seduce the reader and lay the foundation for a sincere interpersonal relationship with him or her, a relationship built of the elements *I* and *you*:

> I'll take you with me,
> love with distant eyes,
> because you're my soul, my footsteps, my compass,
> my being,
> my consciousness of still existing in this world.
>
> ... Your eyes alone contain the dawn,
> your hands alone caress,
> your lips alone pronounce my name and kiss me.
> I'll take you with me!
> (from «Poemas de la Embajada VIII»)

In other poems, love morphs into hope, and language into an instrument of art for its own sake, for the building of a towering text of great precision and efficacy:

> De la hermética quietud boscosa y el puntual rumor de los to-
> rrentes,
> del eco antiguo de las gestas,
> la diáfana sonrisa mestiza de unos ojos ...
>
> *From sealed-off forest quiet and the punctual sounding of tor-*
> *rents,*
> *from ancient epic echoings,*
> *translucent smiling of mestizo eyes ...*
> (from «Cincuenta veces cincuenta»)

The consonance of author and translator in this collection is obvious, and reflects both the former's exact mastery of poetic language and the latter's virtuosity as polyglot and interpreter. *Poemas y canciones* crystallizes a human life and experience and projects them both synchronically and diachronically, projects them, that is, both at determined points in Juan Manuel Marcos' personal history and across the trajectory of his life. Each poem, indeed each line, reflects a lucid living image of a man's life, of a moment he sought to grasp in memory for later meditation under easier circumstances, a moment seized synchronically and held for all of us long after the pain of living it has ebbed.

www.ingramcontent.com/pod-product-compliance
Lightning Source LLC
Chambersburg PA
CBHW021122300426
44113CB00006B/258